I0484227

L'entreprise et son environnement : entreprendre, apprendre, s'adapter

Un ouvrage collectif
des enseignants-chercheurs de
l'École de Management Léonard de Vinci

Coordonné par Marcos Lima et Bastien Nivet

ISBN: 1506147887
ISBN-13: 9781506147888

Couverture conçue par Jonathan Riquier

À nos étudiants, source d'inspiration quotidienne

Table de Matières

Les Auteurs 7

Préface 9

Première Partie : Entreprendre 13

Chapitre 1
Using Business Model Patterns to Describe Entrepreneurship Projects:
The cases of four startups from Pôle Universitaire Léonard de Vinci 15

Chapitre 2
Le financement des jeunes entreprises : aspects financiers et fiscaux 39

Deuxième Partie : Apprendre 63

Chapitre 3
Structures Organisationnelles : quelques clefs
pour mieux comprendre le fonctionnement des organisations 65

Chapitre 4
A Framework for Understanding the Role of Organizational Strategy, Structure
and Systems in Innovation Management: Examples and Best Practices.................85

Chapitre 5
La satisfaction client : concept clé du marketing relationnel 103

Chapitre 6
Le "Word of Mouth" sur les réseaux sociaux numériques 129

Chapitre 7
Le concept de fidélité.. 147

Troisième Partie : S'adapter à son environnement................. 159

Chapitre 8
Mobilité des salariés et risque géopolitique :
enjeux et responsabilités en matière de Management et de RH 161

Chapitre 9
L'entreprise dans l'environnement européen :
position, opportunités, contraintes 179

Chapitre 10
L'entreprise dans un monde global :
Comment relever le défi de la mondialisation?.. 193

Les Auteurs

Patricia Baudier, Docteur en science de gestion, Professeur associé à l'Ecole de Management Léonard de Vinci (laboratoire De Vinci Business Lab), chercheur associé au LITEM et co-responsable de la majeure Digital Marketing Strategy.

Michel Dalmas, Docteur en science de gestion, Professeur associé à l'Ecole de Management Léonard de Vinci (laboratoire De Vinci Business Lab) et responsable de la majeure Management et Marketing du Sport.

Najoua Elommal-Manita, Docteur en science de gestion, Professeur associé à l'Ecole de Management Léonard de Vinci (laboratoire De Vinci Business Lab).

Catherine Gilabert, Professeur associé à l'École de Management Léonard de Vinci. Diplômée de ESLCA et titulaire d'un DESS de fiscalité appliquée de l'Université Paris Descartes.

Marie Haikel Elsabeh, Docteur en science de gestion, Professeur associé à l'Ecole de Management Léonard de Vinci (laboratoire De Vinci Business Lab) et co-responsable de la majeure Digital Marketing Strategy.

Sabrina Khemiri, Docteur en science de gestion, Professeur associé à l'Ecole de Management Léonard de Vinci (laboratoire De Vinci Finance Lab).

Marcos Lima, Docteur en technologies de communication, BSc et MSc en Gestion. Professeur associé à l'Ecole de Management Léonard de Vinci (laboratoire De Vinci Business Lab) et responsable de la filière Entreprendre.

Sylvie Matelly, Docteur en Economie, Professeur associé à l'Ecole de Management Léonard de Vinci (laboratoire De Vinci Business Lab) et Directeur de recherche à l'Institut de relations internationales et stratégiques (IRIS).

Bastien Nivet, Docteur en science politique, Professeur associé à l'Ecole de management Léonard de Vinci (laboratoire De Vinci Business Lab) et chercheur associé à l'Institut de relations internationales et stratégiques (IRIS). Coordinateur du laboratoire De Vinci Business Lab.

Amel Sahli, Docteur en science de gestion, Professeur associé à l'Ecole de Management Léonard de Vinci (laboratoire De Vinci Finance Lab) et responsable de la majeure Corporate Finance et Gestion de Risque.

Philippe Spach, Professeur associé à l'Ecole de management Léonard de Vinci, Responsable du département Management et Ressources humaines et responsable de l'axe Ressources Humaines.

Préface

« L'entreprise et son environnement » est un ouvrage collectif des professeurs de l'EMLV qui démontre la capacité de nos enseignants-chercheurs à produire des contenus utiles pour les étudiants et pour les entreprises. C'est bien cette utilité qui guide aujourd'hui plus que jamais les activités de recherche de notre école de commerce. L'EMLV est une école pour l'entreprise, pour les entreprises. A travers ses formations, nous mettons sur le marché des étudiants équipés pour répondre aux défis du développement des entreprises. Ils allient la rigueur de leurs connaissances académiques, dont ce livre est un support, avec l'expérience du monde de l'entreprise, en France comme à l'étranger.

Cet ouvrage représente une illustration de la production et des enseignements de nos chercheurs, dans toute sa diversité. Il est divisé en trois parties : Entreprendre, Apprendre, S'adapter.

La première partie, « Entreprendre » est composée de deux chapitres. Le premier est écrit par Marcos Lima et huit étudiants de la Filière Entreprendre (qui regroupe des porteurs de projets non seulement de l'EMLV mais aussi des deux autres écoles du Pôle Universitaire Léonard de Vinci – l'ESILV, école d'ingénieurs et l'IIM, Institut de l'internet et du multimédia). Ce chapitre décrit comment l'outil « Business Model Canvas » peut être utilisé pour démontrer en un clin d'œil la stratégie d'une start-up, et s'appuie sur quatre exemples de projets étudiants du Pôle. Le deuxième chapitre, écrit par Sabrina Khemiri, Catherine Gilabert et Amel Sahli, explique les aspects financiers et fiscaux du financement des jeunes entreprises. Les auteurs couvrent les mécanismes de financement traditionnels, comme le capital risque ou le prêt bancaire, ainsi que des outils plus innovants, comme les plateformes de financement participatif (crowdfunding).

La deuxième partie, « Apprendre », comporte quatre chapitres. Le chapitre 3, par Michel Dalmas, revisite les structures organisationnelles classiques et permet de comprendre visuellement non seulement le fonctionnement des organisations très traditionnelles, basé sur l'autorité, mais aussi la structure d'organisations innovantes, comme l'adhocratie. Le chapitre 4, par Marcos Lima, poursuit en analysant la façon dont les structures organisationnelles mais aussi leurs systèmes et processus d'apprentissage peuvent être adaptés à des stratégies innovantes. Les entreprises doivent aussi apprendre à comprendre le comportement, les attentes et le ressenti de leurs clients. Ainsi Najoua Elommal-Manita décrit-elle, dans le chapitre 5, la corrélation entre satisfaction et fidélité client, explorant plusieurs sous-concepts liés à ces deux éléments basiques de la stratégie marketing. Le chapitre suivant, écrit par Marie Haikel-Elsabeh concerne l'importance du « bouche à oreille » digital dans les stratégies marketing d'utilisation des réseaux sociaux. Historiquement, les marketeurs n'ont jamais eu une si abondante base de données sur les opinions / perceptions des consommateurs, mais il semble que nous ne commencions seulement à apprendre comment l'exploiter pour mieux connaître le consommateur. Le dernier chapitre de cette partie sur l' « apprentissage » dans les organisations et dans les départements marketing est écrit par Patricia Baudier et concerne la fidélité.

Il prolonge la discussion sur l'apprentissage et la relation client en analysant l'importance de la compréhension des mécanismes de fidélisation client comme source de création de valeur à long terme dans une stratégie marketing.

Après avoir discuté des éléments de la genèse des projets de création d'entreprises et l'apprentissage comme clé de développement des organisations et leurs stratégies marketing, la troisième et dernière partie du livre est dédiée à l' « Adaptation » de ces entreprises dans des environnements économiques et internationaux à la complexité grandissante. Le chapitre 8, écrit par Philippe Spach et Bastien Nivet, aborde les implications de l'expatriation dans des zones à risque pour le management des ressources humaines. Le chapitre suivant, écrit par Bastien Nivet, présente les enjeux que représente le fait d'opérer dans l'Union européenne pour les acteurs du monde de l'entreprise. Le dernier chapitre de l'ouvrage, par Sylvie Matelly, présente les impacts de la mondialisation des marchés sur les stratégies entrepreneuriales, la production et le développement technologique des entreprises, présentant les risques et opportunités associés.

Au final, cet ouvrage est donc plus qu'un effort collectif pour rendre tangible le pont entre la recherche, la pédagogie et le monde de l'entreprise au sein de l'EMLV. Il est aussi un symbole d'une cohésion et d'un esprit d'équipe de notre corps professoral facilitant l'interdisciplinarité, rendant plus visibles et interconnectés les domaines de compétences de chaque enseignant-chercheur. Il matérialise la nature interdépendante des disciplines d'une école de commerce, entre le management et le marketing, entre la finance et l'économie.

François Thérin,
Directeur de l'EMLV,
Paris, Décembre 2014

Première Partie :
Entreprendre

La multiplication des enseignements et programmes de recherche sur l'entreprenariat dans les Écoles de commerce et de management atteste de l'intérêt académique et pédagogique grandissant porté à cette phase initiale de toute vie d'entreprises que constitue sa création. La thématique est vaste et changeante. Elle est vaste parce que tous les enjeux entrepreneuriaux et managériaux, qu'ils soient stratégiques, opérationnels ou structurels, se posent dès ce stade. Elle est changeante parce que des principes ou modèles entrepreneuriaux pouvant apparaître comme évidents à un moment donné peuvent être considérablement renouvelés compte tenu d'évolutions juridiques, technologiques, du marché, etc. Les deux contributions rassemblées dans cette partie, sur le financement de la création d'entreprise, et sur le choix du business modèle, ne sont que des exemples de tels cadres mouvants.

Chapitre 1
Using Business Model Patterns to Describe Entrepreneurship Projects: The cases of four startups from Pôle Universitaire Léonard de Vinci

Marcos LIMA
With contribution from students from the Entrepreneurship Department

Abstract

This chapter briefly describes the business models of four startups from the Entrepreneurship Department at Pôle Universitaire Léonard de Vinci, in Paris. Its main objective is to illustrate the principles of the Business Model Canvas (BMC) with actual student projects under development. We hope that the insights gained through this analysis will encourage other entrepreneurs to adopt this framework as a tool for visually exploring the strategic components of their own projects. We conclude by emphasizing the contribution of the BMC tool for business teaching and entrepreneurship development. Having quoted extensively from Alexander Osterwalder's book "Business Model Generation" (2010), we strongly encourage business teachers and students to get more familiar with this framework as a tool for conceiving and developing innovative entrepreneurial strategies.

Résumé

Ce chapitre décrit brièvement les modèles économiques des quatre startups de la filière entrepreneuriat du Pôle Universitaire Léonard de Vinci, à Paris. Son principal objectif est d'illustrer les principes du *Business Model Canvas* (BMC) avec des projets réels des élèves. Nous espérons que les connaissances acquises grâce à cette analyse encourageront d'autres entrepreneurs à adopter ce cadre comme un outil permettant d'explorer visuellement les composants stratégiques de leurs propres projets. Nous concluons en soulignant la contribution de l'outil BMC pour l'enseignement en gestion et le développement de l'esprit d'entrepreneur. Ayant longuement cité le livre de Alexander Osterwalder "Business Model Generation" (2010), nous encourageons fortement les enseignants et les élèves des écoles de commerce à se familiariser avec ce cadre comme un outil pour concevoir et élaborer des stratégies entrepreneuriales innovantes.

Introduction

A business model can be defined as the "rationale of how an organization creates, delivers and captures value" (Osterwalder and Pigneur, 2010). In this chapter, we argue that even though this expression is fairly recent, the strategic and organizational concepts it compiles are quite traditional. The merit of this approach to describing and analyzing business practices lies therefore not in its novelty but in its synthetic nature. Indeed, by using a series of patterns associated with business model development, entrepreneurs can find a comprehensive checklist of variables that are deeply interconnected. Rather than focusing on single "trees" and missing the overview of the "forest", startups can use business model patterns to understand how strategic marketing decisions and organizational processes can be balanced out to improve the revenue / cost ratio of business ideas.

This article is divided in three parts. In the first, we briefly discuss the origins and the development of business model frameworks. During the second part, we focus on the Business Model Canvas proposed by Alexander Osterwalder, which is widely adopted by entrepreneurs worldwide. In this section, we particularly discuss two patterns: consumer relationship-focused models and freemium platforms. In the final session, we describe two examples of each one of these business model patterns in the context of the entrepreneurship program at Pôle Léonard de Vinci, in France. It should be noted that these projects are "ideas in the making" and that the description of these projects in terms of their key business model components is very likely to become obsolete within months of its writing. Indeed, one of the characteristics of these projects is the constant evolution of their business model principles. This is precisely why frameworks like Osterwalder's are a precious tool for understanding and developing such ideas.

Business Models: Origins and Components

The use of the expression "business model" is a fairly recent development. Figure 1 illustrates this trend using Google's Ngram Viewer tool[1], which reveals the frequency of any expression as it appears over time within 5.2 million books published between 1500 and 2008. According to this trend, the word "business" followed by "model" started to be massively used in the late 1990s, when Internet "dot com" companies such as Google and Amazon started to transform the way people buy, learn, work, socialize and amuse themselves.

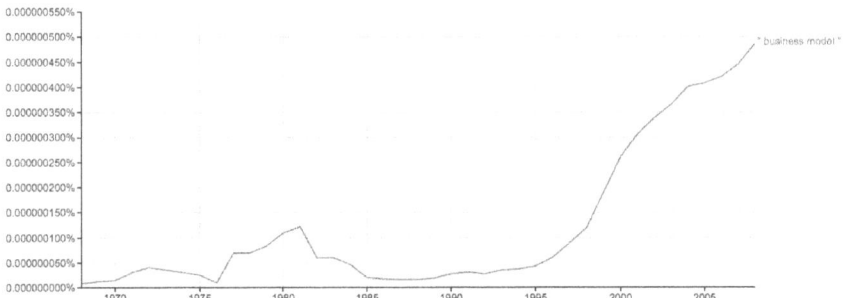

This trend is clearly visible in the literature compilation made by Pateli (2002), which was later adapted by Morris et al. (2005). Such synthesis is displayed in Table 1. In this table, it is visible how the consensus around which keywords are associated with the expression "Business Model" evolved from a "marketing mix" approach enriched with "organizational characteristics" (as in Horowitz, 1996) to a wider framework that incorporates strategic positioning, marketing tactics and infrastructure, and how they affect both costs and revenues (as in Petrovic et al., 2001 and Weil and Vitale, 2001).

Publication	Keywords
Horowitz (1996)	Price, product, distribution, organizational characteristics, and technology
Viscio and Pasternak (1996)	Global core, governance, business units, services and linkages

---

[1] https://books.google.com/ngrams

Timmers (1998)	Product/service/information flow architecture, business actors and roles, actor benefits, revenue sources, and marketing strategy
Markides (1999)	Product innovation, customer relationship, infrastructure management, and financial aspects
Donath (1999)	Customer understanding, marketing tactics, corporate governance, and intranet/extranet capabilities
Chesbrough and Rosenbaum (2000)	Value proposition, target markets, internal value chain structure, cost structure and profit model, value network, and competitive strategy
Gordijn et al. (2001)	Actors, market segments, value offering, value activity, stakeholder network, value interfaces, value ports and value exchanges
Linder and Cantrell (2001)	Pricing model, revenue model, channel model, commerce process model, Internet-enabled commerce relationship, organizational form, and value proposition
Hamel (2001)	Core strategy, strategic resources, value network, and customer interface
Dubosson-Torbay et al. (2001)	Products, customer relationship, infrastructure and network of partners, and financial aspects
Afuah and Tucci (2001)	Customer value, scope, price, revenue, connected activities, implementation, capabilities, and sustainability
Applegate (2001)	Concept, capabilities, and value
Rayport and Jaworski (2001)	Value cluster, market space offering, resource system and financial model
Amit and Zott (2001)	Transaction content, transaction structure, and transaction governance
Alt and Zimmerman (2001)	Mission, structure, processes, revenues, legalities and technology
Petrovic et al. (2001)	Value model, resource model, production model, customer relations model, revenue model, capital model and market model
Weill and Vitale (2001)	Strategic objectives, value proposition, revenue sources, success factors, channels, core competencies, customer segments, and IT infrastructure
Betz (2002)	Resources, sales, profits, and capital

Table 1. Key words associated with business models (adapted from Morris, 2005)

An overall analysis of the keywords in this table yields three major domains: strategy (marketing, networks, competitive strategy, objectives), processes (governance, infrastructure, activities, transactions) and resources (strategic resources, resource model, capabilities, resource system). These three domains have been largely explored in business studies. Michael Porter has established a consensus around the notions of value systems and competitive advantage (1985) and strategic positioning (1996). The processes and resources approach has been discussed by Barney (1986; 2001) and by the Resource-Based View approach. Therefore it is not the novelty of these concepts but how they are articulated that makes an impact on how entrepreneurs combine their strategies with their resources and processes around the concept of business models. Figure 2 articulates these three components visually.

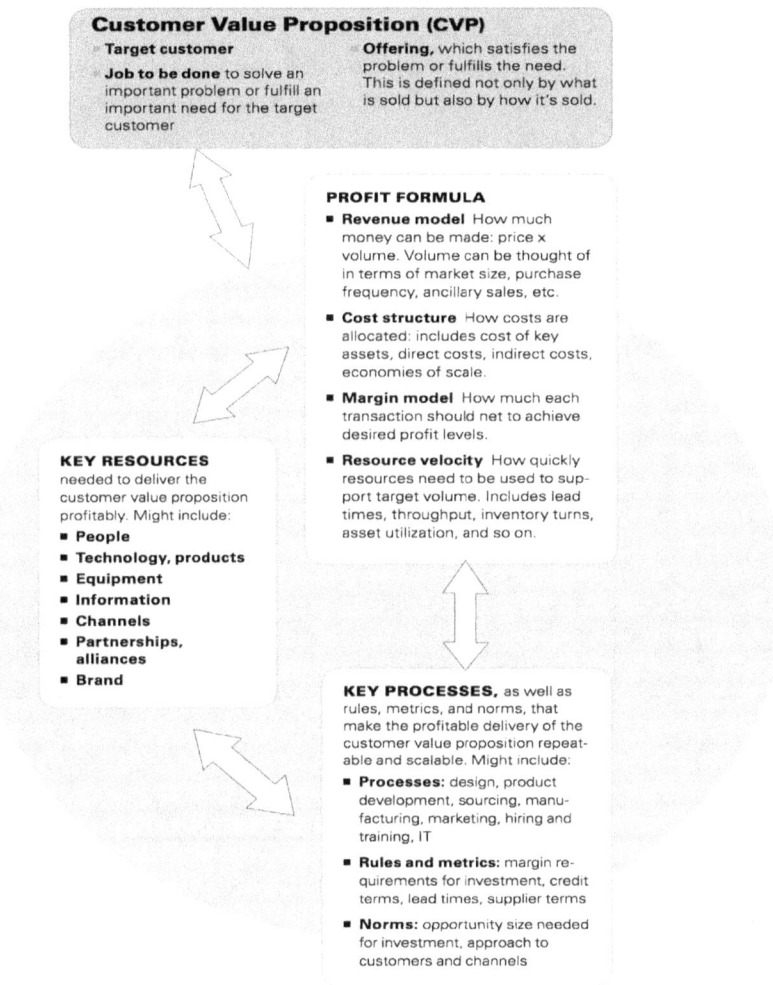

Customer Value Proposition (CVP)
- **Target customer**
- **Job to be done** to solve an important problem or fulfill an important need for the target customer
- **Offering,** which satisfies the problem or fulfills the need. This is defined not only by what is sold but also by how it's sold.

PROFIT FORMULA
- **Revenue model** How much money can be made: price x volume. Volume can be thought of in terms of market size, purchase frequency, ancillary sales, etc.
- **Cost structure** How costs are allocated: includes cost of key assets, direct costs, indirect costs, economies of scale.
- **Margin model** How much each transaction should net to achieve desired profit levels.
- **Resource velocity** How quickly resources need to be used to support target volume. Includes lead times, throughput, inventory turns, asset utilization, and so on.

KEY RESOURCES needed to deliver the customer value proposition profitably. Might include:
- **People**
- **Technology, products**
- **Equipment**
- **Information**
- **Channels**
- **Partnerships, alliances**
- **Brand**

KEY PROCESSES, as well as rules, metrics, and norms, that make the profitable delivery of the customer value proposition repeatable and scalable. Might include:
- **Processes:** design, product development, sourcing, manufacturing, marketing, hiring and training, IT
- **Rules and metrics:** margin requirements for investment, credit terms, lead times, supplier terms
- **Norms:** opportunity size needed for investment, approach to customers and channels

Figure 2. The Basic Elements of a Business Model (Johnson, Christensen and Kagermann, 2008)

The Business Model Canvas

Based on his business model ontology thesis published in 2004 at the University of Lausanne, Alexander Osterwalder and his colleagues developed a visual tool to facilitate brainstorming about the key variables of any business strategy. Notice that several of the elements in Osterwalder's canvas (Figure 3) can be seen in Figure 2. The merit of Osterwalder's approach lies in the fact that it is a visually compelling framework, which like a blank canvas painting invites doodling and scribbling around nine comprehensive "building blocks". Several tablet / desktop applications[2] have been created to encourage people to visually play with the different building blocks of the framework. The variables displayed in Figure 3 are briefly explained below.

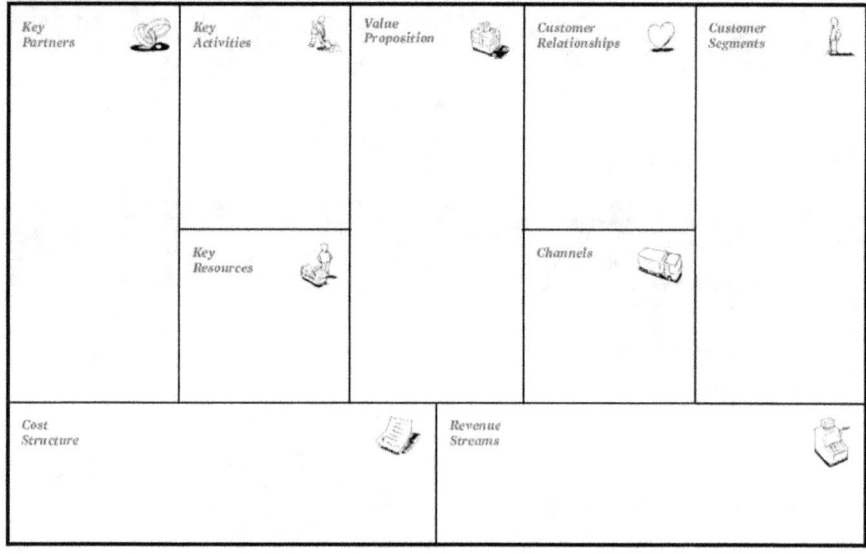

Figure 3. The Business Model Canvas (Osterwalder and Pigneur, 2010)

- **Customer segments** (CS) – for whom value is created. This block forces entrepreneurs to reflect about their targeting strategy.

[2] Some examples include "Strategyzer", the official web-app from the creators of the business model canvas (https://strategyzer.com/build), Business Model Canvas Startup (https://play.google.com/store/apps/details?id=com.thirdmobile.modelcanvas), the Business Model Toolbox (https://itunes.apple.com/us/app/business-model-toolbox/id431605371) and the Lean Canvas, a version of Osterwalder's canvas adapted to lean-startup projects (http://leanstack.com/). A free web-app called Business Model fiddle is also available at https://bmfiddle.com/.

Targets could be the mass market, a niche, a segment or a multi-sided platform (as discussed below).

- **Value propositions** (VP) – value delivered. In traditional marketing strategy, the value proposition usually involves the most important attributes of the product or service in the eyes of the target. Often combined with positioning maps in order to establish a clear differentiation strategy based on such attributes as newness, performance, customization, design, status, price, risk reduction, accessibility or convenience.

- **Channels** (CH) – how value reaches the target. This block is structured around five phases: awareness (communicating the value through promotion and advertising), evaluation (making it easier for customers to try and experiment with the product or service), purchase, delivery and after sales services.

- **Customer relationships** (CR) – direct or indirect services that engage customers in value creation. Examples include personal assistance, self-service, automated services, communities and co-creation.

- **Revenue streams** (R$) – what and how costumers are willing to pay. The most common source of revenue is asset sales. More innovative approaches include usage fee, subscription fees, lending / renting / leasing, licensing, brokerage fees and advertising.

- **Key resources** (KR) – human, intellectual, financial or physical resources that are required to deliver the value proposition, to maintain adequate distribution channels and customer relationship mechanisms, as well as to assure the desired level of revenue.

- **Key activities** (KA) – crucial routines and processes that that are required to deliver the value proposition, to maintain adequate distribution channels and the customer relationship mechanisms as well as to assure the desired level of revenue. They can fall into three categories: production activities, problem solving activities and platform / networking activities.

- **Key partners** (KP) – with whom an organization needs to partner in order to increase its competitiveness. The main reasons for creating a partnership are the optimization of processes, reduction of risk, acquisition of critical resources and activities and learning. Examples of partnership include strategic alliances, joint-ventures or buyer-supplier agreements.

- **Cost structure** (C$) – a list of the most important cost elements involved in value creation. Two different business model approaches are possible: a cost driven approach or a premium value approach. Costs should be broken down into fixed and variable components, and economies of scale and scope should be considered.

Two Business Model Patterns

In their book, Osterwalder and Pigneur (2010) refer to several types of business model patterns: unbundling business models (focusing on the customer relationship business, product innovation business or infrastructure business according to one's core competencies and strategic opportunities); long tail business models (deriving income from many small batch sales rather than a few large volume sales); multi-sided platforms (deriving revenue from the networking of different customer segments with complementary roles in value creation); free / freemium business models (giving away part of the value in order to capture alternative sources of revenue) and open business models (creating value through partnerships). This article focuses on describing two of these patterns: customer relationship unbundling and multi-sided platforms. They will later be applied to the description of four startups.

Figure 4 illustrates the main aspects of the typical customer-relationship-focused business model according to Osterwalder and Pigneur (2010). Notice the emphasis placed on the upper right corner of the canvas. A typical example would be private banking service providers. On the offering side, they are focused on a niche of highly attractive customers with high disposable income (CS). Their value proposition (VP) is focused on service/product quality (custom-tailored wealth management services), with a strong sense of trust as a key transactional requirement. Private banking service providers develop strong distribution channels in the form of personal networks and word of mouth recommendation (CH); they create a strong relationship through personal assistants and advisors with a deep knowledge of each customer's financial needs (CR) in order to attract a "large share of wallet" (R$) from these customers. On the "resources and processes" side, the main activities (KA) and costs (C$) are related to customer acquisition and retention, which requires very well paid and trained human resources. The key resource is the reputation enjoyed by the brand (essential component in trust-based transactions). Being focused on the customer relationship side, private banks can and should outsource infrastructure management and product development with third parties (KP), thus "unbundling" these elements from their business model and focusing on what matters most: understanding customer needs and fulfilling them.

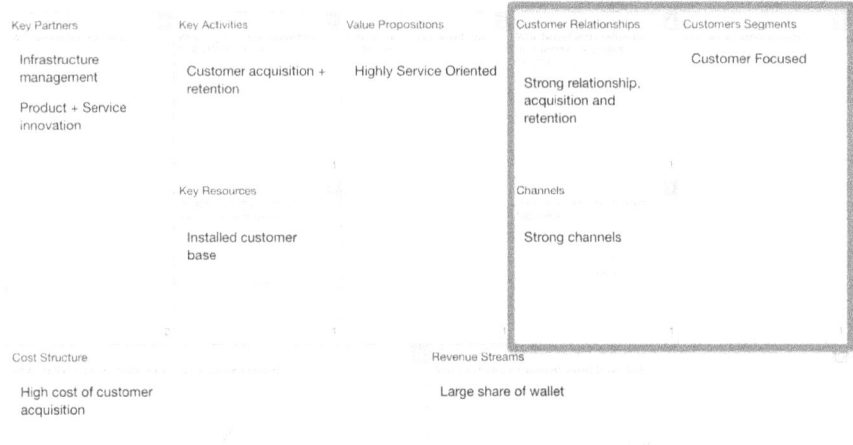

Figure 4. Main components of the customer-relationship-focused business model (Osterwalder and Pigneur, 2010)

Figure 5 similarly illustrates the main components of the platform business model. Also known as "Two Sided Markets" (Eisemann, Parker and Van Alstyne, 2006) or "Multisided Markets" (Evans, 2003), these business model types are epitomized by credit cards companies. Visa or Mastercard, for example, rely on banks, retailers and final customers as segments, with different value propositions for each, and from which different revenue streams are obtained. Other classic examples are found in web-based services like Google. In the words of Osterwalder and Pigneur (2010),

> As a multi-sided platform Google has a very distinct revenue model. It makes money from one Customer Segment, advertisers, while subsidizing free offers to two other segments: Web surfers and content owners. This is logical because the more ads it displays to Web surfers, the more it earns from advertisers. Increased advertising earnings, in turn, motivate even more content owners to become AdSense partners. Advertisers don't directly buy advertising space from Google.

They bid on ad-related keywords associated with either search terms or content on third party Web sites. The bidding occurs through an AdWords auction service: the more popular a keyword, the more an advertiser has to pay for it. The substantial revenue that Google earns from AdWords allows it to continuously improve its free offers to search engine and AdSense users.

Figure 5. Multi-sided business model pattern (Osterwalder and Pigneur, 2010)

Applying the BMC to describe four startup projects

The following sessions describe four projects currently being developed by students of the Entrepreneurship program at Pôle Universitaire Léonard de Vinci, in Paris. This program was created in 2013 as an interdisciplinary major for our three schools: EMLV (business school), the ESILV (engineering school) and IIM (multimedia school). Fourth-year students from the three schools are required to present a startup business plan to join this one-year program. Their first semester is fully dedicated to understanding the basics of entrepreneurship (around 300 hours); during the second semester they are entirely free to develop their business idea as an "entrepreneurial dissertation" project. Business model design is an important part of their training.

Out of 13 entrepreneurship projects in the class of 2014-15, four accepted to participate in this chapter. The first two projects rely primarily on customer-relationship-focused business models, whereas the last two are rather centered on freemium online market-place platforms.

Léo et Violette

Léo Dominguez

Léo Dominguez (a student at the Pôle's ELMV business school) et Violette Polchi are among the few French entrepreneurs to successfully raise funds on Kickstarter.com, the largest crowdfunding platform on Earth. In 2013, they raised nearly sixty thousand dollars to launch "le Petit Cartable", a sleek leather bag for Apple products that was impregnated by the "French Touch" luxury appeal and a certain "Parisian Romance" atmosphere. A case of "born global" company, their first product was backed by crowdfunders from five continents. They describe themselves as a brand that

> … includes the great classics of French leather goods adapting to a more modern usage with compartments for computers, tablets and smartphones. The products are all designed in Paris and made in Italy, with a sleek, minimalist and unisex concept. In order to offer luxury products without luxury prices, Léo et Violette sells its products exclusively on its own www.leoetviolette.com sales site. This eliminates middlemen and retailers margins. Thus, we keep a direct relationship with the customer and sell the product at a fair price compared to manufacturing costs. Today the brand has nearly fifteen references, with a progressive evolution of our portfolio based on customer feedback. Our

goal is to continue to offer first quality accessories while changing the rules of fashion by imposing a more transparent and more direct model between customers and the brand.

L&V's main targets (CS) are male and female apple fans. A former Apple Store employee, Léo knows this segment quite well. Concerning their Value Proposition (VP), they can offer small scale, semi-exclusive leather goods at a lower price than their mass-market luxury competitors. They were inspired by the positioning of Everlane.com, an American e-retailer that pride themselves in using its web site as an exclusive channel, thus significantly reducing the markup of intermediaries. Everlane uses their transparent pricing as a means to earn customer trust and build a brand based on high quality at a fair price.

Because of the crucial role played by their community management efforts in attracting new customers and retaining current ones, L&V can be considered primarily a customer-relationship-focused business model as described above. Their customer-centric approach to new product design, the positive word of mouth that results from their product quality and their high-level after-sales service all contribute to create a strong and uniquely positioned brand. According to Léo,

> Our own web-based distribution channel clearly helps create value and differentiate us from the competition. In effect, it allows us to be completely transparent concerning our manufacturing costs, earning customer trust about our fair price policy. We differentiate ourselves not only by our approach to transparent pricing but also through our direct relationship with customers, which allows us to clearly identify their expectations and understand their needs. By having a total focus on what our customers want from us, we can create products that are better suited to satisfy their desires.

Another advantage of their small scale, semi-exclusive approach is the speed and flexibility of their product development. Thanks to their manufacturing partnerships in Italy, who are capable of delivering small-scale batches for new product lines, L&V can quickly adjust to market opportunities and incorporate customer feed-back to their new designs. Figure 6 illustrates L&V's business model

Figure 6. Léo et Violette's Business Model (preliminary)

Pandoraz

Brian Burzynski and Loïc Rakotondramanana

Another example of a customer-relationship-focused business model (that does incorporate a few elements of a multi-sided platform) is found in Pandoraz, created by Brian Burzynski and Loïc Rakotondramanana. They describe their project as

> connecting three media types to provide entertainment to a B2C audience and targeted advertising to our B2B partners. The primary media is a monthly subscription gift-box containing goodies for technology

enthusiasts (so-called "geeks"). The second media is a magazine in comic book format that contains a description of the products in the box, as well as advertising content from our partners. The printed magazine will be included in the box, but can also be downloaded for free from our website. The third media is a free video game on mobile devices with in-app purchases. Our partners provide the majority of the products included in the box. Part of the box contents could take the form of a virtual element in the game. For instance, after the player scans a certain page in the magazine they will be able to unlock rewards in the game. Conversely, certain elements of the game plot may be only available in the comic book magazine.

This can be considered a customer-relationship-focused business model mainly because their ability to create, grow and maintain a community of geek subscribers is essential to attract goodies suppliers interested in advertising to this community. They are aware that this business model relies on a minimum scale to become viable, as everything depends on how large and attractive the community of box subscribers will become to potential partners. Therefore, creating a sense of community and co-creation seems essential. According to the entrepreneurs, in order to create this community they will

> ... rely heavily on customer relationships through our Facebook page or via Twitter. We will strongly encourage community members to help each other and answer each other's questions. This approach has a double bonus of strengthening the community and to reduce the need for direct customer support from us. It will of course always be possible to contact us by email for more personal attention.

Figure 7 visually describes this business model. Whereas most of the key activities and resources of Pandoraz are focused on building a geek community and recruiting new advertising partners, therefore qualifying as a relationship business, they also clearly have double-sided platform characteristics. There is a "network effect" between their two targets, in the sense that the larger the geek community that subscribe to the boxes, the more partners will be interested in advertising and/or subsiding the geeky goodies in the box. Furthermore, the magazine and the mobile game can be considered content platforms with very high development and maintenance costs. Once a critical mass of subscribers has been achieved, though, the virtuous cycle will lead to four streams of revenue that are mutually reinforcing.

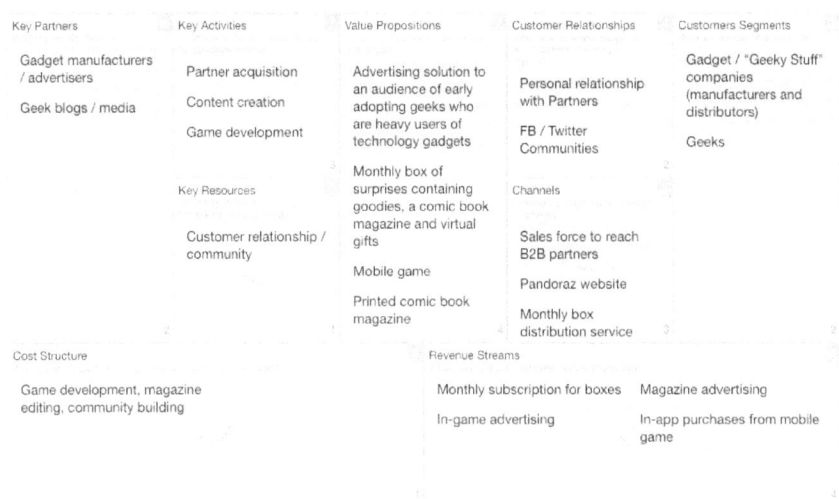

Key Partners	Key Activities	Value Propositions	Customer Relationships	Customers Segments
Gadget manufacturers / advertisers	Partner acquisition	Advertising solution to an audience of early adopting geeks who are heavy users of technology gadgets	Personal relationship with Partners	Gadget / "Geeky Stuff" companies (manufacturers and distributors)
Geek blogs / media	Content creation		FB / Twitter Communities	Geeks
	Game development			
	Key Resources	Monthly box of surprises containing goodies, a comic book magazine and virtual gifts	**Channels**	
	Customer relationship / community		Sales force to reach B2B partners	
		Mobile game	Pandoraz website	
		Printed comic book magazine	Monthly box distribution service	

Cost Structure		Revenue Streams	
Game development, magazine editing, community building		Monthly subscription for boxes	Magazine advertising
		In-game advertising	In-app purchases from mobile game

Figure 7. Pandoraz' business model (preliminary)

Studizens

Ilan Amar and Yohann Fiard

The Studizens platform was created by Ilan Amar and Yohann Fiard, two entrepreneurs from ESILV (the engineering school at the Pôle Universitaire Léonard de Vinci). In their own words,

This project is a service platform, which provides students with tools to create and access educational content. We observed that students often create a lot of value in the form on course notes and contents, which often end up in old boxes or hard drives. The idea to tap into that value emerged during our academic exchanges abroad. Our vision is to eventually serve the whole international student community. Our first target is, however, limited to the French market with a potential of more than 2.4 million higher education students, who are both content providers and customers. Students can exchange and sell their course notes to third parties. In order to fully address students' needs, we are designing a content aggregator for this platform, which will help students to remain up to date in their fields of interest and to identify valuable content. Our main revenue stream relies on charging a fee for the paid content on the platform. We expect to launch this project during the school year 2015-16.

The visual expression of their initial BM is presented in Figure 8. As most typical web-based service platforms, Studizens' targeted segments consist, on the one side, of content creators who are drawn by the possibility of earning direct revenue (sold content) or indirect revenue (participation in advertising earnings related to created content). On the other side, content users are drawn to the platform in search of free course notes. Some of them will be willing to pay for high quality content, or content that is specific to their university classes / professors. Their value proposition to the first segment is to "make money with your knowledge", whereas to the second segment it would be "learn from free or paid peer-reviewed content from your colleagues". In order to reach students, Studizens has to create a mobile and a web-based access to the platform, and they must excel at content aggregation, interface design and community management to increase their user base. They have the challenge of attracting enough users and content providers (both paid and free) in order to benefit from the "network effect": their platform will become more valuable the larger the user base is.

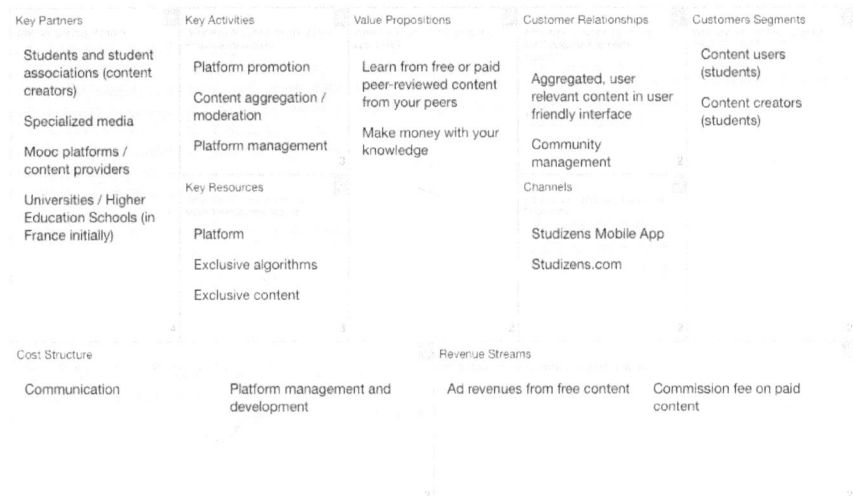

Figure 8. Studizens' Business Model (preliminary)

Studizens' revenue streams will derive in large part from the commission fee on paid content, and to a much smaller extent from advertising revenues from the free content. Their costs, key activities and key resources will all be strongly associated with creating and maintaining the platform and attracting users. Finally, they need to establish key partnerships with student associations, specialized media channels, web-based course providers such as massively open online courses (MOOCs) and universities.

Similar services already exist in the United States, such as Flashnotes (www.flashnotes.com). Studizens hopes to develop a better user interface and content aggregating expertise in order to differentiate from those competitors.

MyArtMakers

Created by Bertrand Debrie, Yohan Doaré and Essam Belas, from the Internet and Multimedia School at the Pôle Universitaire Léonard de Vinci, MyArtMakers is a marketplace for customized contemporary art creations. In their words,

MyArtMakers is the first platform to create the perfect match between evolving contemporary artists and art lovers. The objective of this innovation is to create successful collaborations based on trust and sharing. We target individuals who wish to obtain a personalized work of art within a specific budget, or businesses wishing to acquire works of art for their premises that are consistent with their visual self-identity. Taking up the old concept of the art collector and adapting it to a wider audience thanks to digital technology, we offer a unique service both to contemporary artists and art consumers.

Bertrand Debrie, Yohan Doaré and Essam Belas

As in any platform, the key to attracting art buyers to the site is the number and quality of artists available. Therefore, in a first moment, the team is focusing on creating a "one-stop-shop digital solution form communication and community building for artists". Leveraging their knowledge of digital media and community management, they have created tools to help artists manage their content, develop their community and collect data about user preferences. Using a tiered freemium approach, the basic subscription to this service is fully automated and free. The "pro" and "premium" versions add online tools that allow artists to drastically increase their online visibility with no knowledge of web design, search engine optimization or community management.

Besides the subscription to digital communication services, the entrepreneurs will also draw revenues from three additional sources: a) sponsored content by artists willing to be more prominently displayed; b) fees from online transactions, which offers art buyers the guarantee of delivery and artists the guarantee of being paid and c) a "buyback service" that allows companies and individuals to periodically exchange their works of art to refresh the look on their walls.

Figure 9 illustrates their preliminary business model. It is interesting to note the prominent role of community management both as a communication channel and a customer-relationship tool. In fact, they use their "le Mag" blog as a central part of their strategy to create engagement through relevant content that can be adapted to their different audiences through Facebook, Twitter, LinkedIn and Pinterest. Every time they use one of these channels, they select / adapt the content based on the nature of the channel (fun = Facebook, quick = Twitter, business-like = LinkedIn, very visual = Pinterest). They also target different customer groups based on their sex, age and interests. By bringing this level of proficiency to regular artists that lack the skills to promote their work digitally, MyArtMakers address an important unmet need of both the supply and demand sides of the art market.

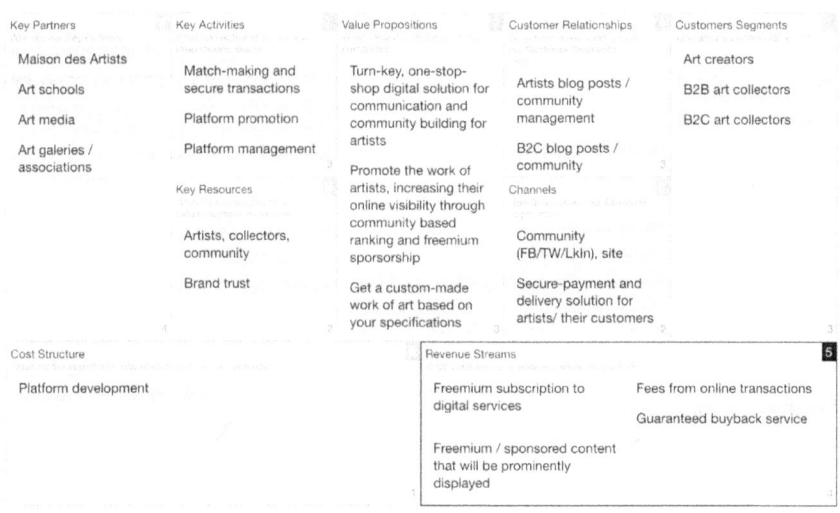

Figure 9. MyArtMakers' Business Model (preliminary)

Conclusions

As expressed through the four entrepreneurship projects above, the business model canvas is a very useful tool to summarize the main strategic and operational components of a startup. Because it is visually compelling and simple to use, this framework has found worldwide adoption since Osterwalder popularized it in his 2010 book. Over the last few years, variations of this approach have emerged, such as the Value Proposition Canvas, the Lean Canvas, the Product Canvas and the Personal Business Model Canvas (available in the appendixes). All of these approaches have in common the use of frameworks as "checklists for thinking" proposed in our own recent book (Lima and Fabiani, 2014), with the added benefit of facilitating visual manipulation and collaboration.

This tool should be widely used not only by entrepreneurs but also business teachers and business leaders. Our own experience in teaching shows that oftentimes students will easily understand the definition of different conceptual "trees" such as "value proposition" and "segmentation" while failing to see the "forest" of how these concepts are interrelated. The canvas approach encourages users to think visually and to correlate cost and revenue, key resources with strategic choices. It reminds decision makers that a detailed view of a few variables maybe less important than a "big picture" understanding of how several variables are intertwined.

The business model patterns illustrated in this chapter are in permanent transformation. I would like to thank my entrepreneur students for the courage to share their drafted business models knowing fully well that they would become obsolete the day after they were discussed. This is the spirit of business model design: the awareness that constant tinkering with the variables involved may lead to slight changes in strategy or to a major pivoting of a whole project. It is an iterative process of constantly improving how value is created and captured.

References

Afuah A, Tucci CL (2001). *Internet business models*. New York: McGraw-Hill/Irwin.

Alt, R., Zimmerman H.D. (2001). *Introduction to special section on business models.* Electron Mark,11(1):3 – 9.

Amit R, Zott C. (2001). Value creation in e-business. *Strateg Manage J* 22(2):493 – 520.

Applegate, LM (2001). Emerging e-business models. *Harvard Bus Rev*, 79(1):79 – 87.

Barney, J.B., (1986), Strategic Factor Markets: Expectations, Luck and Business Strategy. *Management Science*; 32, (10), pp. 1231–1241

Barney, J.B., (2001), Is the Resource-Based Theory a Useful Perspective for Strategic Management Research? Yes. *Academy of Management Review*; 26, (1), pp. 41–56.

Betz, F (2002). Strategic business models. *Eng Manag J*;14(1):21 – 7

Chesbrough H, Rosenbaum RS (2000). *The role of the business model in capturing value from innovation.* Boston: Harvard Business School.

Donath R. (1999). Taming e-business models. ISBM business marketing web consortium 3(1).

Dubosson-Torbay M, Osterwalder A, Pigneur Y. E-business model design, classification and measurements. *Thunderbird Int Bus Rev* 2001;44(1): 5 – 23.

Eisenmann, T., Parker, G., & Van Alstyne, M. W. (2006). Strategies for two-sided markets. *Harvard business review*, *84*(10), 92.

Evans, D. S. (2003). Antitrust Economics of Multi-Sided Platform Markets, The. *Yale J. on Reg.*, *20*, 325.

Gordijn J, Akkermans J, Van Vliet J. (2001) Designing and evaluating e-business models. *IEEE Intell Syst* 16(4):11 – 7

Johnson, M. W., Christensen, C. M., & Kagermann, H. (2008). Reinventing your business model. *Harvard business review*, *86*(12), 57-68.

Hamel G. (2001). *Leading the revolution.* Boston (MA): Harvard Business School Press.

Horowitz AS (1996). The real value of VARS: resellers lead a movement to a new service and support. *Mark Comput*, 16(4):31 – 6.

Linder JC, Cantrell S. (2000) *Changing business models.* Chicago: Institute for Strategic Change, Accenture.

Lima, M., Fabiani, T. (2014). *Teaching with cases: a framework-based approach.* Amazon.

Markides C. (1999) A dynamic view of strategy. *Sloan Manage Rev* 40(3):55 – 63.

Morris, M., Schindehutte, M., & Allen, J. (2005). The entrepreneur's business model: toward a unified perspective. *Journal of business research*, *58*(6), 726-735.

Osterwalder, A. (2004). The business model ontology: A proposition in a design science approach. *Institut d'Informatique et Organisation. Lausanne, Switzerland, University of Lausanne, Ecole des Hautes Etudes Commerciales HEC, 173.*

Osterwalder, A., Pigneur, Y. *Business Model Generation.* Wiley, 2010

Pateli, A. (2002). *A Domain Area Report on Business Models.* Athens, Athens University of Economics and Business.

Petrovic, O ; Kittle, C. ; Teksten, R. (2001). Developing business models for e-business. Vienna : *International Electronic Commerce Conference.*

Rayport J.F., Jaworski B.J. (2001) *E-commerce.* New York: McGraw-Hill/Irwin.

Viscio AJ, Pasternack BA (1996). Toward a new business model. *Strateg Bus* 2(1):125 – 34.

Weill P, Vitale MR (2001). *Place to space.* Boston: Harvard Business School Press.

Appendices – Variations on the BMC

The free service "Business Model Fiddle" (https://bmfiddle.com) offers different tools for online collaboration using the classic version of the BMC and several other variations, reproduced below.

Product Canvas

by Roman Pichler

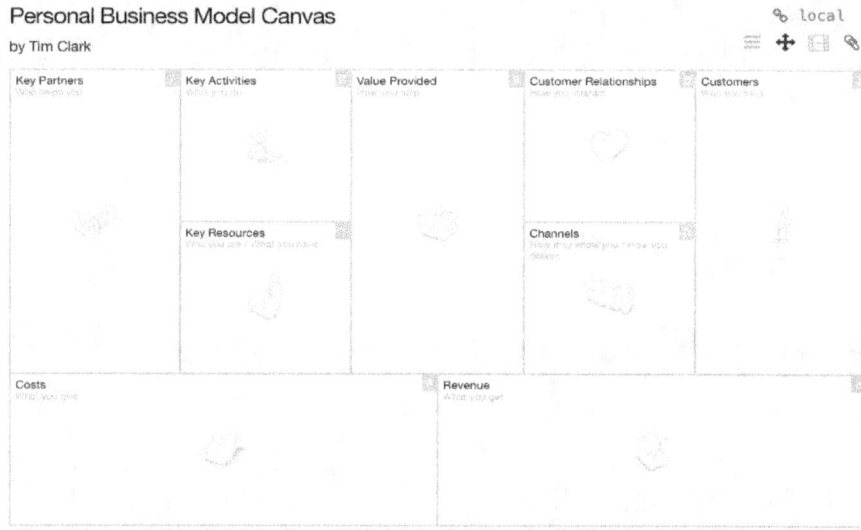

Chapitre 2
Le financement des jeunes entreprises : aspects financiers et fiscaux

Sabrina KHEMIRI
Catherine GILABERT
Amel SAHLI

Résumé

La levée de nouveaux capitaux constitue la préoccupation majeure des jeunes entreprises. Une fois qu'elles ont atteint un certain stade de développement, les apports personnels et par crédit bancaire deviennent insuffisants ou difficile à obtenir. L'ouverture du capital à de nouveaux investisseurs représente alors une solution alternative. Dans ce chapitre, nous présentons deux formes de financement d'entreprises : le financement par capital-risque et le financement par *crowdfunding*.

Abstract

Raising funds is a central concern for young entrepreneurs. After a certain stage of development, personal contributions and bank loans become insufficient or difficult to obtain. Opening up the capital to new investors represents then an alternative solution. In this chapter, we present two forms of financing: by venture capital and by crowdfunding.

Introduction

Le financement des petites et moyennes entreprises (PME) et des jeunes entreprises innovantes peut se révéler très compliqué. Convaincre les investisseurs traditionnels pour trouver les fonds nécessaires et ainsi transformer son idée en entreprise n'est pas toujours une mission facile. C'est dans ce contexte que les modes alternatifs de financement trouvent de plus en plus leur place. Ce chapitre s'articule autour de deux solutions possibles : le capital-risque et le crowdfunding.

A. Le capital-risque

Le capital-risque est un financement spécifique, adapté aux caractéristiques des entreprises innovantes, en création ou en croissance. Le rôle du capital-risque est de permettre aux entrepreneurs d'accéder aux fonds d'investissement afin de financer des entreprises qui ont un fort potentiel de croissance, mais qui n'ont pas un poids suffisant pour une introduction en bourse.

Les fonds d'investissement à capital-risque mettent ainsi à disposition de ces entreprises les capitaux nécessaires à leur création et à leur développement.

Le capital-risque : définition

Le capital-risque (Baygan et Freudenberg, 2000) est considéré comme un type particulier de financement destiné pour l'essentiel aux jeunes entreprises innovatrices qui ont besoin de capital, sous forme de fonds propres, pour financer leur développement.

Cette définition trop générale met le point sur le financement sous forme de fonds propres, mais ne définit pas les caractéristiques du capital-risque.

D'autres définitions (Bascha et Walz, 2001) mentionnent ces caractéristiques. Elles mettent en avant un certain nombre de critères (financement intermédiaire, suivi actif de la participation, rémunération réalisée lors de la vente de la participation…) mais laissent profiler une confusion entre le capital-risque et le capital-transmission (LBO).

Cette confusion se retrouve au sein même de la loi française qui a créé les sociétés de capital-risque. Elle définit le capital-risque comme « l'investissement en fonds propres ou quasi-fonds propres, dans des sociétés non cotées en bourse, dans des opérations de création et de transmission d'entreprises ».

Les américains définissent différemment le périmètre du capital-risque. Le capital-risque est considéré comme l'apport de fonds propres à des jeunes entreprises qui se trouvent en phases de démarrage et de développement. Ils font donc une distinction claire entre le capital-risque et le capital transmission.

L'approche américaine classe le capital-investissement en quatre catégories :

- Le capital-risque : ensemble des activités en fonds propres.
- Le capital-transmission. Ces opérations portent généralement sur des entreprises arrivées à maturité.
- Le financement mezzanine, destiné à l'entreprise qui va être introduite en bourse.
- Les fonds des fonds et rachats secondaires généralement des opérations internes au secteur du capital-risque

Le fondement théorique du capital-risque

C'est la théorie de l'agence (Jensen et Meckling, 1976) qui constitue le cadre théorique du financement par capital-risque. Sa thèse principale se base sur la séparation entre propriété et contrôle par les managers dans les grandes entreprises cotées.

Jensen et Meckling définissent une relation d'agence comme « un contrat dans lequel une ou plusieurs personnes (le principal) engage une autre personne (l'agent) pour réaliser une tache en son nom, ce qui implique une délégation de pouvoir de décision à l'agent ».

Cette théorie repose sur l'hypothèse de la divergence des intérêts entre les actionnaires (le principal) et les managers (l'agent). Cette divergence est due au fait que les managers adoptent des comportements opportunistes rendus possibles par l'asymétrie de l'information.

Le capital-risque fournit ainsi un cas typique de cette relation d'agence. En effet, la relation d'agence traditionnelle est transformée en une double relation d'agence dans laquelle chaque acteur peut être considéré réciproquement et successivement comme l'agent ou le principal : deux types de relation d'agence sont à distinguer (Sahlman, 1990) : celles qui s'établissent entre les investisseurs et les capital-risqueurs (les sociétés de gestion ou les professionnels du capital-investissement) d'une part et les relations entre le capital-risqueur et les dirigeants des entreprises candidates au financement par capital-risque.

Les sociétés de gestion et les investisseurs

Les investisseurs délèguent aux sociétés de gestion le droit de gérer leurs ressources en contrepartie d'un bénéfice dans le futur et des droits.

Par cette délégation, l'investisseur traduit une séparation entre la propriété et le contrôle. Des conflits d'agence sont alors susceptibles d'apparaître entre les gérants et les investisseurs. Ces conflits d'agence peuvent être résolus par le contrat. Celui-ci doit intégrer l'incitation, la surveillance et la sanction pour réduire ces conflits. En France, c'est l'AMF qui impose un certain nombre d'exigences en la matière.

Les sociétés de gestion et les entrepreneurs

La relation du couple capital-risqueur ou société de gestion et entrepreneur a suscité de nombreux travaux qui analysent soit la nature du conflit soit sa résolution par le contrat, toujours dans le cadre de la théorie de l'agence. D'après cette approche, les capital-risqueurs possèdent des outils susceptibles de réduire les asymétries d'information. Il s'agit par exemple de la signature du pacte d'actionnaire, de l'alignement de la rémunération des dirigeants sur la performance financière de l'entreprise, la présence du capital-risqueur au conseil d'administration pour assoir son pouvoir de contrôle, le financement par étape,…

Les acteurs du capital-investissement

Le capital-investissement est structuré autour de trois acteurs principaux : les investisseurs, les sociétés de gestion et les entreprises financées.

Les principaux investisseurs en capital-investissement sont les fonds de pension, les compagnies d'assurances, et les banques d'affaires. Depuis peu on a constaté l'émergence d'un marché secondaire permettant aux investisseurs de revendre leur participation dans un fonds à d'autres investisseurs. Le marché est devenu de ce fait plus liquide et donc plus attractif.

Les gestionnaires gèrent les investissements. Ils sont affiliés à une société de gestion spécialisée et indépendante. Les gestionnaires peuvent également être affiliés à des institutions financières. Ils sont rémunérés sur la base de frais de gestion prélevés sur les montants investis et sur une part des profits dégagés par leur investissement.

Les entreprises recourant au financement par capital-risque partagent toutes la même difficulté à lever de la dette auprès des banques. Ces entreprises qui sont la cible du capital-investissement sont généralement des entreprises jeunes, innovantes et développant des activités à forte croissance.

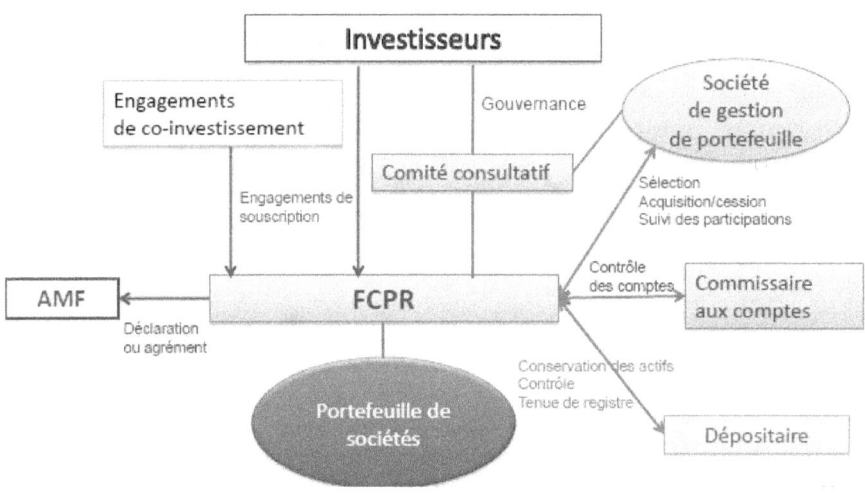

Figure 1: Des acteurs et des véhicules régulés (AFIC, 2013)

Durée de vie d'un fonds d'investissement

Les fonds de capital-investissement qui sont des OPCVM regroupés au sein d'une même dénomination les fonds communs de placement à risques (FCPR) passent durant leur durée de vie par plusieurs étapes (AFIC, 2013) :

- Levée de fonds (formation du fonds, négociation contractuel, collecte des engagements de souscriptions)
- Période d'investissement (quota d'investissement, appel de fonds pour investir)
- En cours de vie du fonds (suivi des ratios/objectifs, cession des participations, remboursement progressif des parts)
- Fin de vie du fonds (pré liquidation, dissolution du fonds, liquidation et distribution des plus-values de cession pour les porteurs de parts du fonds).

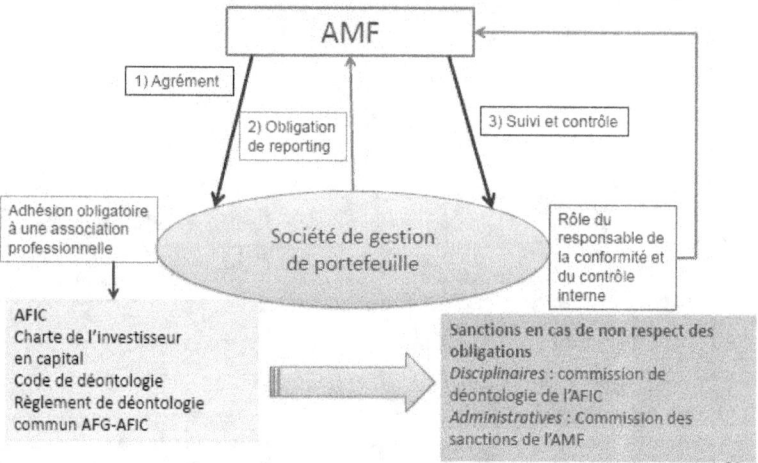

Figure 2: Rôle des acteurs (AFIC, 2013)

L'impact de la fiscalité sur l'évolution du financement par capital-risque

Sur les 351 millions d'euros investis par les sociétés françaises de capital-risque, au second semestre 2013 (Indicateur Chausson finance), près de trois quarts (71%) sont allés non pas à des entreprises toutes jeunes type start-up mais à des entreprises qui sont au moins à leur troisième levée de fonds. Les investissements d'amorçage destinés à financer les dépenses préalables à la création d'une société (recherche-développement, études de marché…) n'ont pas excédé 18 millions d'euros. Les investissements d'amorçage sont au plus bas depuis dix ans, car les investisseurs privilégient les sociétés les plus matures du type ETI (entreprise de taille intermédiaire).

Les causes de cette évolution à la baisse du financement par capital-risque aux entreprises en création se retrouvent au niveau de la nouvelle réglementation bancaire et de la fiscalité des FIP et FCPI. Les investisseurs institutionnels comme particuliers se détournent du capital-risque français depuis plus de deux ans à cause de Bâle III et de Solvabilité II. Ces nouvelles réglementations imposent aux banques et aux assureurs traditionnels pourvoyeurs de capitaux du « venture » de détenir davantage de fonds propres en face d'actifs jugés risqués. Il s'en est suivi une baisse d'investissements dans les fonds de capital-risque.

D'autre part la fiscalité des FCPI (fonds communs de placement dans l'innovation) et des FIP (fonds d'investissement de proximité) est devenue moins avantageuse pour les particuliers. En effet, la réduction d'impôt sur le revenu dont bénéficient les souscripteurs de ces produits a été ramenée de 25% à 22% en 2011 avant d'être de nouveau abaissée à 18% en 2012. En 2013 les nouvelles mesures fiscales ont intégré les FCPI et FIP dans le plafonnement global des niches fiscales.

Après les FCPR, les FIP et les FCPI (fonds communs de placement pour l'innovation) une nouvelle vague d'acteurs semble s'installer durablement dans le paysage du capital-risque français : les fonds d'entrepreneurs d'après le cabinet Chausson finance dans son dernier baromètre.

B. Le crowdfunding :
une alternative au financement traditionnel

Le financement participatif, appelé aussi financement par la foule et crowdfunding en anglais, s'avère une alternative sérieuse à la recherche de fonds privés et bancaires (Laplume, Bertin et Favre, 2013).

Qu'est-ce que le financement participatif ?

D'après l'autorité des marchés financiers (AMF) et l'autorité de contrôle prudentiel (ACP), « Le crowdfunding (de « crowd » la foule et « funding » financement) n'a pas de définition juridique. C'est un mécanisme qui permet de récolter des fonds - généralement des petits montants – auprès d'un large public, en vue de financer un projet créatif (musique, édition, film, etc.) ou entrepreneurial. Il fonctionne le plus souvent via Internet. Les opérations de crowdfunding peuvent être des soutiens d'initiatives de proximité ou des projets défendant certaines valeurs. Elles diffèrent des méthodes de financement traditionnelles et intègrent souvent une forte dimension affective ».

Le crowdfunding a suscité l'intérêt des chercheurs. Le crowdfunding trouve son origine dans la micro-finance et le crowdsourcing (Mollick, 2014).

La micro-finance est « une finance à très petite échelle, pour de faibles montants » (Jégourel, 2005) ou encore « l'outil par excellence au service de la création d'emploi, du dynamisme des économies locales ou encore de la lutte contre les inégalités de genre » (Guérin, 2006).

Quant au crowdsourcing, il est défini par Howe (2008) par l'externalisation par une entreprise à but lucratif de certaines tâches essentielles dans la fabrication ou la vente de ses produits vers le grand public (la foule). Cela prend la forme d'un appel ouvert via internet, avec l'intention d'inciter les personnes à contribuer (volontairement) au processus de production de l'entreprise et ce gratuitement.

Le crowdfunding a cependant ses propres spécificités qui le différencient de la micro-finance et du crowdsourcing. Lambert et Schwienbacher (2010) le définissent comme étant « un appel d'offre ouvert, principalement par le biais d'internet, dans le but de récolter des ressources financières sous forme de dons, d'échanges de cadeaux ou de droits de vote afin de soutenir un projet ». Contrairement aux modes de financement classiques, Mollick (2014) explique que le crowdfunding est un financement obtenu sur internet, sans avoir recours à un intermédiaire financier. D'après Larralde et Schwienbacher (2012), c'est « le financement d'un projet ou bien même d'une entreprise par un groupe d'individus plutôt que par des professionnels tels que la banque, le capital-risque ou encore les Business Angels ».

Les différentes formes du financement participatif

D'après Röthler et Wenzlaff (2011), le financement participatif peut prendre différentes formes : le don, la prévente, la coproduction, le prêt, la prise de participation.

- Le don : il regroupe les levées de fonds relatives aux causes charitables ou au mécénat. Généralement, le donateur soutient une cause et ne reçoit aucune contrepartie à son don.

- La prévente : ce modèle de financement participatif est adapté aux projets culturels ou artistiques. L'artiste conserve l'intégralité de la propriété de son projet et s'engage à remettre à chaque contributeur une contrepartie, proportionnelle à la somme qu'il a versé. Cette contrepartie peut prendre plusieurs formes. Dans certains cas, elle peut être symbolique comme une photo dédicacée ou une mention dans le générique d'un film. Dans ce cas, le modèle est assimilé à un don. Dans d'autres cas, la contrepartie est équivalente à la somme versée par l'internaute et correspond donc à une prévente.

- La coproduction : ce modèle de financement participatif est très utilisé dans le milieu artistique. L'internaute contribue au financement d'un projet et reçoit en échange, en cas de réussite de celui-ci, une part des bénéfices. Le porteur du projet abandonne ainsi une partie de ses droits aux internautes qui ont contribué au financement de son projet.

- Le prêt : appelé aussi crowdlending ou prêt en peer to peer, ce modèle consiste en un prêt d'argent de particulier à particulier. L'internaute prête une somme d'argent à un porteur de projet qui s'engage à la lui rembourser. En France, la collecte d'épargne et l'attribution de crédits sont réservées uniquement aux établissements bancaires. Les plateformes de financement participatif doivent être adossées à des banques qui s'occuperont de la gestion des prêts. Les plateformes se contentent de jouer le rôle d'intermédiaires entre les prêteurs (le public sur internet) et les emprunteurs (les porteurs de projets).

- La prise de participation : appelé *equity based crowdfunding*, ce type de financement donne la possibilité à l'internaute d'acquérir des parts dans le capital de l'entreprise qu'il finance. L'internaute est donc investisseur. En contrepartie de la somme investie dans le projet, il a droit à une récompense financière à hauteur de sa prise de participation, sous forme de dividendes et éventuellement de plus-value au moment de la cession de ses parts.

- En France, d'après le site tousnosprojets.fr, trois types de financement participatif dominent. Il s'agit du don, avec ou sans contrepartie, l'investissement et le prêt, avec ou sans intérêt.

Comment réussir sa levée de fonds par crowdfunding

Le nombre de plates-formes de financement participatif mettant en relation, d'un côté, les porteurs de nouveaux projets et les dirigeants de startup en recherche de financement et, d'un autre côté, la foule, est en plein essor en France. Pour bien réussir sa levée de fonds, il convient de bien identifier la plateforme.

D'après Laplume, Bertin et Favre (2013), le choix de la plate-forme se fait en fonction de plusieurs critères. Selon que le porteur du projet compte conserver les fonds collectés (don, prise de participation) ou les restituer (prêt, coproduction, prévente), la plateforme ciblée n'est pas la même.

En outre, le type et le niveau de rémunération (nulle, symbolique, dividendes, part des bénéfices, livraison d'un bien ou service d'une valeur équivalente à la contribution…) constituent aussi un élément déterminent du choix de la plateforme. Par ailleurs, le caractère social, artistique ou entrepreneurial détermine l'identification de la plateforme adéquate à l'obtention du financement nécessaire. Enfin, d'autres critères propres à la plateforme doivent également être pris en compte. Il s'agit principalement du sérieux de la plateforme, du ratio de financement des projets qui ont été présentés au public via la plateforme, la somme totale des fonds levés par la plateforme depuis sa création, etc.

Certes l'identification de la plateforme est cruciale dans le financement participatif mais d'autres éléments sont déterminants pour la réussite de la levée de fonds par crowdfunding.

A travers une étude menée sur 48526 projets financés par crowdfunding via la plateforme *kickstarter*, Mollick (2014) conclut que la constitution d'un réseau et la qualité du projet sont deux facteurs clés de succès de ce nouveau mode de financement par la foule.

Constituer et mobiliser son réseau de proche (famille, amis, collègues, etc) représente un signal favorablement perçu par le public. Lorsque le porteur du projet réussit à obtenir une partie du financement auprès de ses proches, les inconnus seront plus motivés à contribuer au financement du projet. Ce résultat rejoint l'une des règles de réussite de la levée de fonds par crowdfunding donnée par le site anaxago.com. Selon ce dernier, « c'est environ 30% à 40% du besoin de financement qui doit être assurée avant de convaincre des inconnus de placer son argent dans le projet ».

Par ailleurs, la qualité du projet est un facteur déterminant dans la réussite ou l'échec de la levée de fonds par crowdfunding. Une bonne qualité du projet rassure les investisseurs potentiels sur la faisabilité et le sérieux du projet et réduit ainsi leur incertitude sur ses débouchés. Dans ce sens, le site anaxago.com propose de commencer sa campagne d'appel à financement participatif une fois une étape importante du projet franchie (un prototype du produit, un contrat signé, etc).

Le financement participatif : plus qu'un effet de levier financier

D'après Lesueur et Conreaux (2012), le crowdfunding est un mode de financement qui présente, en plus de l'effet de levier financier, un effet de levier marketing. Le crowdfunding permet de tester son marché et de fidéliser ses futurs clients. Faire une campagne d'appel à financement participatif est « un test grandeur nature ». Comme expliqué plus haut, le choix de la plateforme est un élément clé de succès de la levée de fonds par crowdfunding. Si l'entrepreneur choisit judicieusement la plateforme qui correspond le mieux à son projet, il réalise en lançant sa campagne une étude de marché ciblée : il peut rapidement collecter les avis et perception de ses clients potentiels sur son nouveau produit ou service. Kleeman,

Günter et Rieder (2008) et Boudokhane (2012) expliquent que le financement participatif permet aux porteurs de projets de réduire les coûts d'étude de marché et de communication sur le produit. Par ailleurs, Kleeman (2008) et Brabham (2008) considèrent le crowdfunding comme étant un accélérateur de réussite de l'entreprise. Ceci s'explique par l'efficacité de la foule dans la résolution des problèmes des entreprises. L'efficacité de la foule dépend de la composition de celle-ci. Elle augmente avec sa diversité. Lesueur et Conreaux (2012) considèrent que le crowdfunding est la synergie de plusieurs disciplines. Le crowdfunding rend acteurs les contributeurs. Pour les internautes, le financement participatif n'a pas pour unique objectif la réalisation d'un profit de son investissement. Les contributeurs au financement d'un projet sont fiers d'aider ou de soutenir un entrepreneur à concrétiser son idée.

Lesueur et Conreaux (2012) concluent que « il (le crowdfunding) est considéré par beaucoup de spécialistes comme l'avenir de l'entrepreneuriat ».

Le financement participatif en chiffres

« Plus d'un million de Français ont déjà franchi le pas, près de 55.000 projets financés, un marché qui double de taille chaque année, l'ascension de la finance participative en France est spectaculaire » (Petitjean et Matarin, 2014).

Selon le baromètre du crowdfunding de l'association Financement Participatif France (FPF), les fonds collectés via le crowdfunding en France ont doublé en une année : ils sont passés de 33 millions d'euros au premier semestre de l'année 2013 à 66,4 millions d'euros au premier d'euros sous forme de prêts, 19,2 millions d'euros sous forme de dons et 9,8 millions d'euros sous forme d'investissement en capital. L'association Financement Participatif France souligne aussi que le nombre de français ayant participé au crowdfunding a atteint un million au premier semestre de 2014. Les fonds collectés se répartissent de la manière suivante : 37,4 millions semestre de 2014 et ce depuis 2008, date de début du financement par la foule en France.

Les aspects juridiques et fiscaux du financement participatif.

Trois acteurs interviennent dans le financement participatif : le porteur de projet qui sollicite des fonds du public, la plate-forme internet de financement qui agit en qualité d'intermédiaire et de conseil et enfin celui que nous appellerons le contributeur, c'est-à-dire tout un chacun (la foule).

S'agissant plus particulièrement des financements sous forme de prêts ou de prise de participation dans des sociétés, cet appel à un public large et le fait de collecter des fonds relèvent de la réglementation bancaire et de celle relative à l'appel public à l'épargne.

Aussi, devant le succès grandissant des opérations de financement participatif, le 14 mai 2013, l'AMF et l'Autorité de Contrôle Prudentiel (ACPR), ont publié deux guides du financement participatif (Crowdfunding), l'un à destination du grand public et l'autre à destination des plates-formes et des porteurs de projets afin de rappeler la règlementation applicable alors à ce type d'activité.

En effet, l'AMF et l'ACP soulignent (AMF et ACP, 2013) que « le crowdfunding relève potentiellement de plusieurs activités règlementées, comme la fourniture de services d'investissement ou l'offre au public de titres financiers, la réalisation d'opérations de banque et la fourniture de services de paiement ».

Le succès de ce nouveau mode de financement aidant et sous la poussé des acteurs professionnels du secteur jugeant cette réglementation trop restrictive, le gouvernement a décidé, en affichant clairement sa volonté « de faire de la France un pionnier du financement participatif »[3], d'assouplir la réglementation applicable à cette activité.

C'est ainsi qu'une ordonnance a été publiée par le gouvernement le 30 mai 2014[4] bientôt suivi d'un décret d'application en septembre.[5] L'entrée en

---

[3] Déclaration de Fleur Pellerin, ministre en charge des PME, de l'innovation et de l'Economie numérique le 14 février 2014 lors de la présentation de la nouvelle réglementation encadrant le financement participatif.

[4] Ordonnance n° 2014-559 du 30 mai 2014 relative au financement participatif

vigueur de ces textes est intervenue le 1er octobre 2014. Ils ont pour finalité, à la fois de faciliter le développement de ce financement alternatif dans des conditions assouplies tout en offrant une protection aux investisseurs ou aux prêteurs.

Ces nouvelles dispositions ont fait l'objet de la parution d'un nouveau document d'information publié conjointement par l'AMF et l'ACPR le 30 septembre 2014.[6]

Examinons donc suivant le point de vue des trois acteurs concernés les principales règlementations ainsi que les avantages fiscaux auxquels peuvent prétendre les investisseurs.

Les plates-formes de financement participatif

La nouvelle réglementation ne s'applique pas à toutes les plates-formes : celles pratiquant uniquement le don ne sont pas visées à titre obligatoire, même si elles peuvent, de leur plein gré, opter pour l'un des statuts particuliers créés.

Les principales mesures de cette nouvelle réglementation s'articulent autour de deux axes : celles relatives au financement sous forme de titres financiers et celles relatives au financement sous forme de prêts (ou dons).

Le financement participatif sous forme de titres financiers.

Le statut règlementé de Conseiller en Investissement Participatif (CIP), dont les conditions d'accès à la profession sont contrôlées par l'AMF, est créé pour l'activité des plates-formes qui proposent d'investir dans des projets sous forme d'investissement au capital de sociétés.

Elles doivent, à ce titre, être immatriculées auprès du registre de l'ORIAS (registre unique des Intermédiaires en Assurance, Banque et Finance). Dans le cadre de leur activité de conseil, elles doivent notamment fournir un

---

[5] Décret n°2014-1053 du 16 septembre 2014

[6] AMF et ACPR, « S'informer sur le nouveau cadre applicable au financement participatif (crowdfunding) », 30 septembre 2014

certain nombre d'informations aux investisseurs potentiels de manière à ce qu'ils puissent se faire une juste idée de la nature du projet à financer et des risques pesant sur leur engagement.

Elles peuvent, alternativement, prendre la qualité de Prestataire en Services d'Investissement (PSI) ; elles seront alors soumises à l'agrément de l'ACPR. Cet agrément exige notamment un capital minimum de 125 000€ ou 50 000€ suivant que la plate-forme détient ou pas les fonds de la clientèle.

Le statut de CIP, qui ne nécessite aucun capital minimum, est réservé aux opérations portant sur les titres simples et ne permet pas à la plate-forme de détenir des fonds du public ni d'exercer son activité au sein de l'Espace Economique Européen, ce que permet le statut de PSI.

Lorsque les plates-formes ayant le statut de PSI ou CIP proposeront un site internet d'accès progressif permettant, par des avertissements et une analyse de la situation familiale et patrimoniale du futur investisseur, de mieux protéger ceux-ci, elles pourront être exemptées de la publication de prospectus visé par l'AMF pour les projets qu'elles ont sélectionnés, dans la limite de 1 M€ calculé sur une période de 12 mois.

Elles pourront aussi être labellisées par l'ACPR et l'AMF et ainsi arborer un logo « plate-forme de financement participatif régulée par les autorités françaises », gage de sérieux pour les investisseurs et les porteurs de projets.

Figure 3. Certificat de regulation pour les plateformes de financement participatif.

Des dispositions particulières d'assouplissement, sous certaines conditions, concernant la possibilité d'offrir au public des titres de SAS, par exception à l'article 227-2 du Code de Commerce, ont été également introduites par la nouvelle législation.

Le financement sous forme de prêts

Pour ce type d'activité, le statut d'Intermédiaire en Financement Participatif (IFP) a été spécialement créé, que les prêts soient rémunérés ou non. La plate-forme de financement qui doit posséder ce statut, devra s'immatriculer auprès de l'ORIAS qui sera chargée de vérifier que toutes les conditions d'accès à cette profession, tant en matière de compétences professionnelles que d'honorabilité, sont respectées.

En qualité d'IFP, les plates-formes doivent fournir des informations et des analyses sur la nature des projets, les risques encourus sur les projets, les conditions d'emprunt, ainsi qu'un outil d'évaluation de capacité de financement. L'ACPR pourra, à tout moment contrôler les IFP.

Les plates-formes spécialisées dans les projets sous forme de dons, peuvent, de manière facultative, demander le statut d'IFP mais elles seront alors soumises à toutes leurs obligations.

En principe, sauf à obtenir le statut réglementé d'Etablissement de Paiement, la plate-forme ne pourra percevoir les fonds pour compte de tiers, à l'exception, bien entendu de sa rémunération au titre de son activité d'intermédiaire.

Le porteur de projet

Suivant la nature du porteur de projet et de son projet, toutes les formes de financement ne sont pas forcément possibles. Si les sociétés ou les personnes physiques peuvent recevoir des dons ou des prêts sans intérêt, seules les sociétés peuvent proposer des titres financiers, les prêts avec intérêts étant interdits pour les particuliers qui n'agissent pas dans un cadre professionnel ou pour financer une formation.

Le financement par des dons

Ce mode de financement reste libre et non limité en montant. Le don peut éventuellement prévoir des contreparties mais cela n'est pas obligatoire. Si le porteur de projet est une entreprise, le don constituera un produit imposable. S'il est reçu sans contrepartie, il ne sera pas soumis à TVA. Par ailleurs si le porteur de projet est une société qui bénéficie de la franchise en base de TVA (Chiffre d'affaires inférieur à certains seuils), le don ne supportera pas non plus de TVA, même s'il comporte des contreparties.

En dehors de ce régime, les entreprises qui reçoivent des dons avec des contreparties à la clé (un produit ou un service par exemple) devront en principe collecter la TVA. En effet dans ce cas, il s'agit en fait de la fourniture, contre une somme d'argent, d'un produit ou d'un service de valeur équivalente à la somme apportée par le contributeur.

S'agissant des associations, si le don comporte des contreparties dont la valeur est supérieure à 25% du don ou supérieure à 65 €, celui-ci ne pourra pas ouvrir droit à réduction d'impôt pour le contributeur (cf. 6.3.1).

Le financement par prêts

Si la demande de financement se fait sous forme de prêt, la limite de financement par projet sous cette forme est limitée à un million d'euros, quel que soit le nombre de contributeurs.

Chacun des contributeurs signe un contrat de prêt, dont le modèle doit être fourni par la plate-forme au porteur de projet (qui aura le statut d'IFP) : le taux de rémunération du prêt est libre, sans pouvoir excéder le taux de l'usure, et doit en principe dépendre du risque pesant sur le remboursement du prêt.

C'est uniquement le porteur de projet qui reste le débiteur de l'emprunt et des intérêts éventuellement stipulés, ainsi que de la rémunération de l'IFP. Le prêt constitue une dette nouvelle de l'entreprise et les intérêts, des charges déductibles du résultat, exonérées de TVA.

Le financement par l'émission de titres

Ce mode de financement participatif n'est pas limité dans son montant. Cependant, si le financement excède le montant de 1 Million € pour un projet, l'exemption de publication d'un prospectus visé par l'AMF ne pourra jouer, étant entendu que cette exemption, nécessite, de plus, l'existence d'un site à accès progressif (cf. 6.1.1).

Lorsque le porteur de projet permet aux contributeurs de devenirs associés, directement ou via une holding spécialement créée à cet effet (qui en général ne comporte pas plus de 50 associés pour des raisons fiscales (cf. point 6.3.3), il doit fournir un certain nombre d'informations au contributeur concernant l'activité et les risques encourus, la nature des droits attachés aux titres créés ainsi que leurs conditions de cession.

L'opération se traduira, pour la société porteuse de projet, par une augmentation de capital qui diluera les anciens associés.

Le contributeur

Il n'existe pas d'avantage fiscal spécifique au financement participatif. Contribuer à des projets via des plates-formes ouvre droit aux mêmes avantages que les dons ou investissements non réalisés sur internet. Là encore c'est la nature de la contribution et celle du porteur du projet qui va déterminer les avantages fiscaux auxquels les contributeurs vont pouvoir prétendre.

Le contributeur a fait un don

Si le contributeur, personne physique ou entreprise translucide, fait un don sans contrepartie (cf. définition précédente) à une association à but non lucratif à caractère général et sous réserve que celle-ci lui fournisse un reçu fiscal conforme à la législation, celui-ci ouvrira droit à une réduction d'Impôt sur le Revenu égale à 66% du montant des sommes versées dans la limite de 20% du revenu imposable.

Si l'association qui a reçu le don est reconnue d'utilité publique, le don pourra, au choix du contributeur, soit ouvrir droit à la réduction d'Impôt sur le revenu susmentionnée, soit ouvrir droit à une réduction d'ISF égale à 75% du don, réduction limitée à 50 000€. Si le don est octroyé à une entreprise ou à un particulier, il n'ouvrira droit à aucun avantage fiscal.

Le contributeur octroie un prêt

Si le prêt octroyé comporte des intérêts, celui-ci ne peut excéder 1000€ par contributeur et par projet, 4 000€ pour un prêt sans intérêt. Le contributeur n'a jamais l'assurance absolue d'être remboursé.

Ce mode de financement ne permet pas de bénéficier d'un avantage fiscal particulier : les intérêts perçus constituent des intérêts de créance imposables dans la catégorie des Revenus de Capitaux Mobiliers, et soumis, comme les autres revenus du contributeur, personne physique, au barème progressif de l'Impôt sur le Revenu.

Le contributeur acquiert des titres de société

Au moment de la souscription des titres, deux avantages fiscaux, exclusifs l'un de l'autre, peuvent bénéficier au contributeur : une réduction d'impôt sur le revenu ou une réduction d'ISF.

Le contributeur pourra éventuellement choisir quelle partie de son investissement il affecte à la réduction d'IR et quelle partie il affecte à la réduction d'IS, la souscription d'un même titre ne pouvant ouvrir droit aux deux avantages fiscaux en même temps.

La réduction d'IR

Sous certaines conditions tenant à la société porteuse de projet, la souscription, directe ou indirecte via une holding, au capital de la société jusqu'au 31 décembre 2016, va ouvrir droit à une réduction d'impôt sur le revenu pour le contributeur.

Celle-ci sera égale à 18% des montants investis, retenus dans la limite annuelle de 50 000€ pour les contributeurs célibataires et 100 000€ pour les contributeurs mariés ou pacsés soumis à une imposition commune. Elle ne deviendra définitive que si les titres souscrits sont conservés au moins 5 ans.

La société qui émet les titres doit remplir les conditions suivantes[7] :

a) « Les titres de la société ne sont pas admis aux négociations sur un marché réglementé français ou étranger ;

b) La société a son siège social dans un État membre de l'Union européenne ou dans un autre État partie à l'accord sur l'Espace économique européen ayant conclu avec la France une convention d'assistance administrative en vue de lutter contre la fraude et l'évasion fiscales ;

---

[7] Art 199 tercecies-0 A du Code Général des Impôts

c) La société est soumise à l'impôt sur les sociétés dans les conditions de droit commun ou y serait soumise dans les mêmes conditions si l'activité était exercée en France ;

c bis) La société compte au moins deux salariés à la clôture de l'exercice qui suit la souscription ayant ouvert droit à la présente réduction ou un salarié si elle est soumise à l'obligation de s'inscrire à la chambre de métiers et de l'artisanat ;

d) La société exerce une activité commerciale, industrielle, artisanale, libérale ou agricole, à l'exclusion des activités procurant des revenus garantis en raison de l'existence d'un tarif réglementé de rachat de la production, des activités financières, des activités de gestion de patrimoine mobilier définie à l'article 885 O quater et des activités immobilières.(…).

d bis) Les actifs de la société ne sont pas constitués de façon prépondérante de métaux précieux, d'œuvres d'art, d'objets de collection, d'antiquités, de chevaux de course ou de concours ou, sauf si l'objet même de son activité consiste en leur consommation ou en leur vente au détail, de vins ou d'alcools ;

d ter) Les souscriptions au capital de la société confèrent aux souscripteurs les seuls droits résultant de la qualité d'actionnaire ou d'associé, à l'exclusion de toute autre contrepartie notamment sous la forme de tarifs préférentiels ou d'accès prioritaire aux biens produits ou aux services rendus par la société ;

e) La société doit être une petite et moyenne entreprise qui satisfait à la définition des petites et moyennes entreprises qui figure à l'annexe I au règlement (CE) n° 800/2008 de la Commission du 6 août 2008 déclarant certaines catégories d'aide compatibles avec le marché commun en application des articles 87 et 88 du traité (Règlement général d'exemption par catégorie) ;

f) La société n'accorde aucune garantie en capital à ses associés ou actionnaires en contrepartie de leurs souscriptions ; »

Depuis le 1er janvier 2012, il faut par ailleurs que la société soit créée depuis moins de 5 ans et qu'elle soit dans une phase d'amorçage, de démarrage ou d'expansion.

Pour les souscriptions via une société holding, outre les conditions sus énoncées à l'exception de celle tenant à son activité, la réduction sera attribuée si l'objet exclusif de la holding est de détenir des sociétés répondant à ces conditions, si elle a moins de 51 associés ou actionnaires et si ses mandataires sociaux sont des personnes physiques.

La réduction d'ISF

Sous réserve que la société porteuse de projet remplisse certaines conditions, le contributeur qui souscrit à des titres, directement ou via une holding à l'occasion de la création de la société ou d'une augmentation de capital peut bénéficier d'une réduction d'ISF égale à 50% des montants investis, la réduction étant limité à 45 000 €.

Les conditions à remplir par la société dans laquelle investit le contributeur sont les mêmes que celles évoquées plus haut (a) à f)). Pour les souscriptions via une holding, les mêmes conditions supplémentaires que celles s'appliquant à la réduction d'IR, sont requises.

En outre la réduction d'ISF ne devient définitive que si le contributeur conserve ses titres au moins jusqu'au 31 décembre de la cinquième année suivant celle de son acquisition.

Conclusion

Face à un besoin criant de financement, les jeunes entreprises n'ont d'autre choix que se tourner vers le capital-risque ou le crowdfunding. Le capital-risqueur, par l'apport de nouveaux fonds sous forme de prise de participations, permet à l'entreprise de se développer mais attend, en contrepartie, un retour sur investissement sous forme de plus-value. Ce type de financement peut donc générer des conflits d'intérêts entre les entrepreneurs et les investisseurs. Le crowdfunding, financement participatif d'apparition récente, peut permettre, s'il est utilisé sous forme de dons ou de prêts, d'éviter ces conflits tout en apportant les fonds nécessaires à la création ou au développement des entreprises. Conscient de l'intérêt suscité par ce nouveau mode de financement, le législateur a assoupli la réglementation en matière bancaire pour en permettre l'essor.

Références bibliographiques

AFIC (2013). Aspects juridiques et fiscaux des acteurs et des véhicules de capital-investissement français. Rencontres institutionnelles de l'AF2i, juin.

AMF et ACP, Guide du financement participatif à destination des plates-formes et des porteurs de projets publié le 14 mai 2013, http://www.amf-france.org/

AMF et ACPR, « S'informer sur le nouveau cadre applicable au financement participatif (crowdfunding) » 30 septembre 2014.

Bascha, A. & Walz U. (2001), "Convertible securuties and optimal exit decisions in venture capital finance", Journal of Corporate Finance, 07/2001.

Baygan G.& Freudenberg M., (2000), "The internationalisation of venture Capital Activity in OECD Countries : implications for measurement and policy."OECD Science, technology and Industry working paper.

Boudokhane, M (2012) « Financer sa start-up : le Crowdfunding, un bon moyen ? ». (Page consultée le 30/08/13) http://www.startup-story.fr/debats/financer-sa-startup-le-crowdfunding-un-bon-moyen.html

Déclaration de Fleur Pellerin, ministre en charge des PME, de l'innovation et de l'Economie numérique le 14 février 2014 lors de la présentation de la nouvelle réglementation encadrant le financement participatif. Ordonnance n° 2014-559 du 30 mai 2014 relative au financement participatif. Décret n°2014-1053 du 16 septembre 2014.

Guérin, I (2006). « Portée et limites de la micro finance: leçons asiatiques ». *La Lettre du LPED*, (n°11). http://www.lped.org/Portee-et-limites-de-la.html

Jégourel, Y (2005). « La micro finance, une finance au secours des pauvres ? ». *Ecoflash*,(n°201).http://www2.cndp.fr/lesScripts/bandeau/bandeau.asp?bas=http://www2.cndp.fr/revueecoflash/som201.htm

Jensen M.& Meckling W. (1976) « Theory of the firm : Management behaviour , agency cost and ownership structure » Journal of financial Economics, vol 3 n°4.

Kleeman, F, Günter, G et Rieder K, (2008) « Underpaid Innovators: The Commercial Utilization of Consumer Work through Crowdsourcing". Science, Technology and Innovation Studies, vol 4, n° 1, pp 5-26.

Lambert, T et Schwienbacher (2010) «An Empirical Analysis of Crowdfunding» http://www.crowdsourcing.org/document/an-empirical-analysis-of-crowdfunding-/2458

Laplume J-F, Bertin A, Favre C, (2013) « le financement participatif : une alternative à la levée de fonds traditionnelle », AEC (L'agence Aquitaine du Numérique). http://www.arcadepaca.com/fileadmin/documents/permanents/juridique/aecom_fin_parti cipatif.pdf

Larralde, B, et Schwienbacher, A. (2012). « Crowdfunding of small entrepreneurial ventures». Chapitre 13 de l'ouvrage «The Oxford Handbook of Entrepreneurial Finance», Douglas cumming.

Le capital-investissement, un outil pleinement régulé au service du financement direct de l'économie réelle. Rencontres institutionnelees de l'AF2I- 12 juin 2013.

Lesueur, J, et Conreaux, P. (2012) « Crowdfunding: quels avantages pour un entrepreneur? » http://www.lexpress.fr/emploi/crowdfunding-quels-avantages-pour-un-entrepreneur_1178249.html

Mollick, E (2014) «The dynamics of crowdfunding: An exploratory study», Journal of Business Venturing, vol 29, n°1, pp.1–16

Petitjean, A, et Matarin, Y. (2014) « Un projet à financer ou de l'argent à placer, pensez au crowdfunding» (capital.fr) http://www.capital.fr/finances-perso/actualites/un-projet-a-financer-ou-de-l-argent-a-placer-pensez-au-crowdfunding

Röthler, D, et Wenzlaff, K. (2011) « Crowdfunding Schemes in Europe» European Expert Network on Culture (EENC) Report http://www.eenc.info/wp-content/uploads/2012/11/DR%C3%B6thler-KWenzlaff-Crowdfunding-Schemes-in-Europe.pdf

Sahlman W.A. (1990), "The structure and governance of venture-capital organizations Journal of Financial Economics." 27/2.

Deuxième Partie :
Apprendre

Les entreprises ne sont pas des organisations figées, et les acteurs du monde de l'entreprise ne disposent pas de connaissances « finies », qu'il leur suffirait d'appliquer tout au long de leur carrière. Être acteur du monde de l'entreprise, c'est aussi apprendre en permanence. Apprendre à penser la pertinence de la structure de son organisation aux défis de l'environnement externe, apprendre sur son marché, ses clients. Cette partie entend attirer l'attention sur ce « apprentissage permanent » auquel sont confrontés les acteurs du monde de l'entreprise autour de quelques problématiques liées à l'organisation des entreprises et à la gestion de la connaissance, concernant notamment l'apprentissage organisationnel, la relation client et l'innovation.

Chapitre 3

Structures Organisationnelles : quelques clefs pour mieux comprendre le fonctionnement des organisations

Michel DALMAS

Résumé

Dans ce chapitre, nous présentons des éléments d'analyse des organisations, en nous appuyant sur le cadre conceptuel d'Henry Mintzberg (1982). Cette approche est indispensable pour apprendre à repérer les caractéristiques de quelques types d'organisations communes. Cependant, il est nécessaire de rappeler que toute taxonomie relève d'une simplification rapide de la réalité. Son principal avantage est de donner une première approche globale, qui devra ensuite être suivie par une analyse plus poussée. Dans un premier temps, nous rappellerons que toute organisation ne peut être décrite selon un seul point de vue, mais par plusieurs systèmes de communications, entremêlés et reliés les uns aux autres. Partant ensuite des parties clefs des organisations et de leurs modes de coordination (ajustement mutuel, supervision directe, standardisation des processus, des qualifications et des résultats), nous serons en mesure de présenter différentes configurations structurelles: la structure simple, la bureaucratie mécanique, la bureaucratie professionnelle, la structure divisionnalisée et l'adhocratie ou structure innovante. Ce cadre théorique d'analyse permettra ensuite d'aborder la question de l'apprentissage organisationnel par le biais de structures plus flexibles, comme discuté dans le chapitre 4.

Abstract

In this chapter, we present elements of organizational analysis, using Henry Mintzberg's frameworks (1982). This approach is essential to learn how to detect the characteristics of certain organizations. However, it is necessary to remind that any taxonomy is a simplification of reality. Its main advantage is to give a first global approach, which will then have to be followed by a more elaborate analysis. In this article, we remind that no organization can be described according to a single point of view; rather it is composed by intertwined systems of communication. After describing the keys parts of organizations and their modes of coordination, we present various structural configurations: the simple structure, mechanical bureaucracy, professional bureaucracy, divisional structure and adhocracy. This theoretical framework allows us to approach the question of organizational learning through more organizational structures, which will be discussed in chapter 4.

Introduction

Dans un environnement incertain, l'organisation ne peut présenter une structure figée ; elle est donc dépendante de facteurs contextuels. Pour filer la métaphore, il est courant de dire que l'on ne se baigne jamais dans la même eau ; c'est un peu pareil pour les organisations, qui sont en évolution permanente. Selon Mintzberg (1982), cinq facteurs impactent sur le fonctionnement des organisations :

- l'âge,
- la taille,
- la technologie,
- l'environnement et plus précisément l'environnement concurrentiel,
- le pouvoir et les systèmes de pouvoir qui influencent les prises de décisions stratégiques.

Il est donc presque impossible de décrire la structure d'une organisation de façon figée, tant les possibilités d'adaptation sont en permanence nombreuses et évolutives. Pourtant, certains critères d'analyse s'avèrent précieux car ils permettent d'appréhender les difficultés, les dysfonctionnements, d'y remédier et ainsi d'améliorer la performance des organisations, en se servant des actions menées dans des situations similaires.

Plusieurs grilles de lecture seront proposées dans ce chapitre. Elles ont pour but de donner à l'étudiant des clefs lui permettant d'avoir une lecture critique et constructive des organisations, mais également de l'aider à formuler un choix professionnel.

Nous allons d'abord rappeler que les organisations sont des organismes vivants, avec des flux qui leur donnent vitalité et des logiques d'analyse différentes. Puis nous présenterons quelques unes des configurations structurelles les plus connues, avec leurs forces et leurs faiblesses. Cela dans le seul but de mieux comprendre le réel, tout en ayant l'humilité de redire, s'il en était besoin, que la réalité nous échappe en grande partie et que les structures rencontrées mériteraient chacune l'écriture d'un ouvrage à part entière. On parle pudiquement alors de structures hybrides, en partie pour cacher notre ignorance. Bon voyage au cœur des organisations !

L'organisation comme système d'autorité formelle : l'organigramme

Le premier contact que l'on a avec l'entreprise est bien souvent l'organigramme. Loin de le rejeter, il est nécessaire cependant de le regarder avec une certaine hauteur de vue, car il permet de signaler une partie de la réalité, seulement : la nature des postes, leur regroupement en unités, la circulation de l'autorité formelle entre eux. Le mécanisme de coordination qui va apparaître selon cette approche est la supervision directe. Le schéma présenté ci-dessous, tout comme les quatre suivants, reprend les schémas de l'auteur (Mintzberg, 1982).

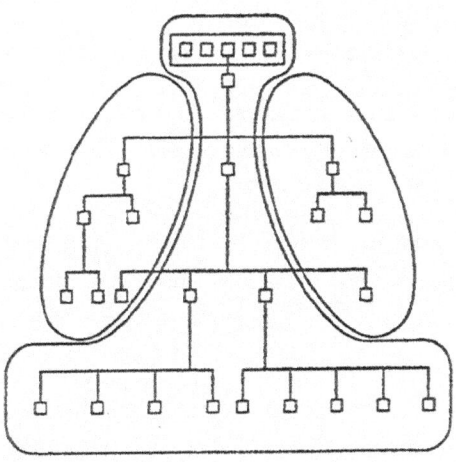

Schéma n°1 : l'organisation comme système d'autorité fondatrice.

L'organisation comme système de flux régulés

Si l'on rentre dans l'analyse fonctionnelle des organisations, on peut décrire trois niveaux de réalités. (a) Le flux du travail opérationnel, (b) les flux régulés de contrôle et (c) le système d'information fonctionnel. Le schéma n°2 montre comment il est possible de représenter ces flux.

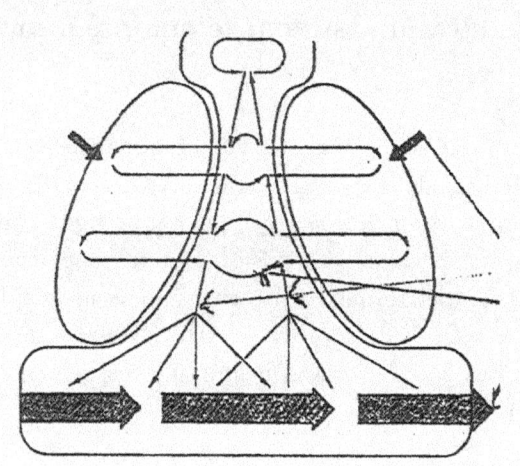

Schéma n°2 : l'organisation comme système de flux régulés

Le flux du travail opérationnel correspond aux transformations du centre opérationnel afin de fournir un produit ou un service qui sera acheté par le client (flèches en bas, de gauche à droite).

Les flux régulés de contrôle tentent de figurer comment les décisions sont prises dans l'organisation, en fonction du niveau de délégation des acteurs concernés. (flèches verticales: informations ascendantes et instructions descendant).

Enfin, le dernier flux est composé par le système d'information fonctionnel, c'est-à-dire les relations professionnelles qui s'établissent de manière transversale, pour un niveau hiérarchique équivalent (flèches transversales circulaires, au milieu de l'organisation, et qui reprennent les différentes strates hiérarchiques).

L'organisation comme système de communication informelle

Depuis l'expérience d'Hawthorne (qui a donné naissance au courant des relations humaines), on a identifié que la communication était bien plus riche et bien plus complexe que celle qui était « officielle » et qu'il existait d'autre part des centres de pouvoir, non officiellement reconnus, qui permettent un échange informel, capable de contourner le circuit régulier, défini comme étant la norme par l'organisation. Il s'agit donc ici de s'intéresser aux processus de décision qui fonctionnent indépendamment du système régulé. Les flux de cette strate sont moins ordonnés et plus fluides, ils révèlent parfois des dysfonctionnements et des « courts-circuits » de la ligne hiérarchique. Il faut donc se rendre à l'évidence et reconnaître que l'on ne peut pas tout imposer par des règlements, que la persuasion et la négociation sont rendues indispensables.

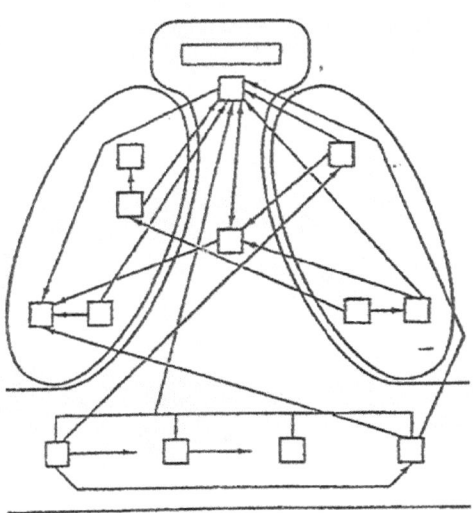

Schéma n°3 : l'organisation comme système de communication informelle

L'organisation comme un système de constellations de travaux

Dans le réseau informel décrit ci-contre, des structures sont reliées au système formel d'autorité. Il s'agit du travail organisé au sein de petits groupes de pairs, situés sur la base de relations horizontales et non verticales. L'auteur évoque ainsi l'existence d'un système de « coteries » de salariés qui se reconnaissent entre eux comme capables de résoudre leurs problèmes. De plus, chacun de ces réseaux véhicule des informations de nature particulière et spécialisée. Ces constellations de travaux sont caractérisées par un couplage interne fort et par un couplage lâche avec le reste de l'organisation. Cette réalité redéfinit en somme la représentation très objective de l'autorité formelle (schéma n°1).

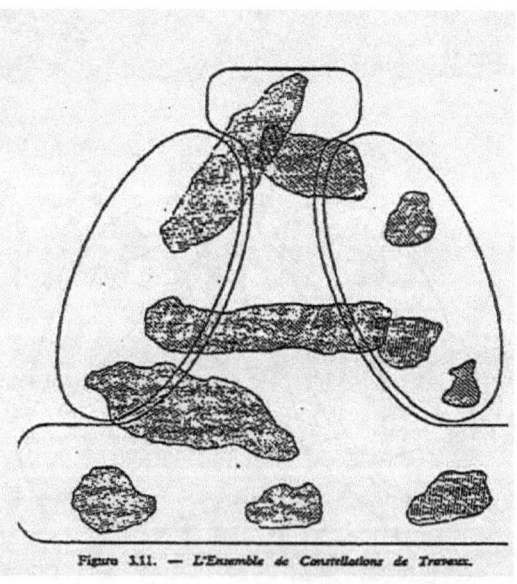

Figure 3.11. — L'Ensemble de Constellations de Travaux.

Schéma n°4 : l'organisation comme système de communication informelle

L'organisation comme système de processus de décision ad hoc

Le dernier flux identifié est celui des modalités de prises de décisions. Les flux de processus de décision ne sont pas tous régulés et prévisibles, mais ils créent des précédents qui vont donner à l'organisation l'occasion de tester le circuit de communication formel et informel. Ces décisions peuvent être routinières, c'est-à-dire opératoires, de nature managériales ou stratégiques. Cependant, les processus de décision mettent en œuvre en général des niveaux hiérarchiques différents et le suivi des étapes de résolution de l'action retenue donne beaucoup d'informations sur la santé et sur la capacité d'innovation de l'organisation. On considère en effet, selon le cadre conceptuel de Mintzberg (1982), que le processus de prise de décision (ou l'engagement dans une action choisie) se déroule en cinq phases: (a) la phase d'identification du problème, (b) celle de prise de conscience, (c) la phase de diagnostic, (d) celle du développement de solutions (phase de recherche pour les solutions toutes faites ou phase de conception pour développer des solutions nouvelles) et enfin (e) la phase de sélection (le passage au crible des solutions toutes faites, l'évaluation-choix pour une solution donnée et l'autorisation de la solution retenue).

Les processus de décision « ad hoc », par définition, ne sont pas des processus de routine, ou des processus tout programmés. Ils ne concernent ni les décisions opératoires ou routinières, ni les décisions managériales de coordination. Ce sont en général:

- les décisions managériales d'exception (mais qui n'ont pas de conséquences d'ensemble très importantes dans la vie de l'organisation),
- les décisions stratégiques qui, elles, ont un impact important sur l'organisation.

Le schéma suivant tente d'illustrer comment une relation entre un client et un commercial peut finalement impacter l'organisation dans son ensemble (cf. pages 78 à 80).

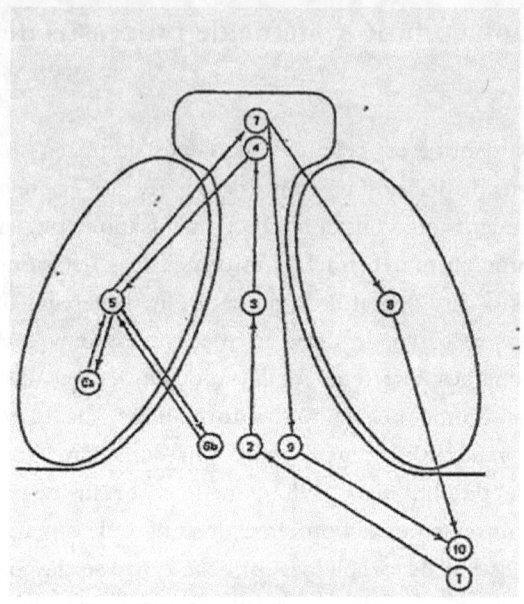

Schéma n°5 : l'organisation comme système de processus de décision ad hoc

Pour conclure, on pourrait dire que les organisations sont des machines à fabriquer des biens ou des services, à communiquer de manière informelle et formelle, à travailler sur des projets, et à prendre des décisions par nature très différentes : opératoires, managériales et stratégiques. Leur capacité à innover et à trouver des solutions inédites est absolument essentielle à leur survie. Les cinq types de flux présentés plus haut servent de porte d'entrée pour comprendre comment une organisation fonctionne et reste un préalable à toute investigation plus poussée. Mais pour l'heure, intéressons nous à plusieurs types d'organisations: les configurations structurelles.

Les configurations structurelles et leurs caractéristiques

Mintzberg a cherché à décrire le fonctionnement des organisations, d'en rechercher les points communs, quelque soient par ailleurs les contingences de tout ordre (juridique, environnemental, concurrentiel, taille, âge, type de marché, etc.). Ce projet, ambitieux s'il en est, l'amène à considérer l'existence de cinq parties clefs, communes aux organisations. Ces parties clefs sont les suivantes.

Le sommet hiérarchique, lieu de prise de décision des orientations stratégiques des organisations. C'est au niveau de ces instances de direction (conseil d'administration, comité de direction, comité exécutif en particulier) que des choix sont décidés, à court terme et/ à moyen terme. En effet, on constate que toute organisation nécessite, pour fonctionner durablement, de disposer d'un lieu décisionnel.

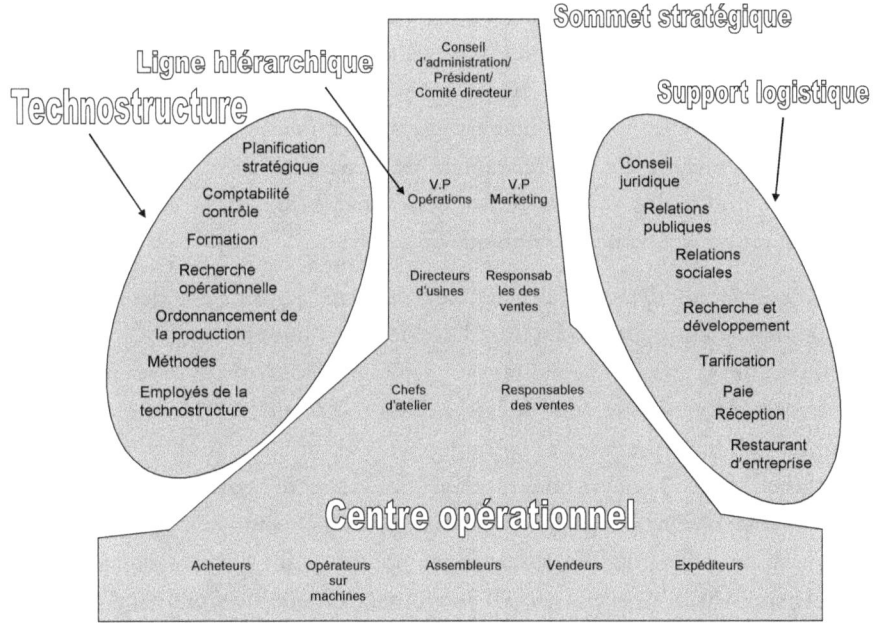

Schéma n°6 : structure organisationnelle selon Mintzberg (1982).

Le centre opérationnel est pour sa part constitué des forces vives de l'organisation en mesure de produire un bien ou un service spécifique, unique, justifiant l'existence même de cette organisation. Si nous considérons une entreprise de recyclage, sa « raison d'être » est de récupérer des matériaux recyclables (plastiques, métaux, verres, etc.), de les trier, de les conditionner et de les revendre au meilleur prix, lorsque le cours mondial de ces produits sera le plus bénéfique pour l'entreprise. Son centre opérationnel est donc constitué d'une flotte logistique de camions amenant ces matériaux, de lignes de triage sophistiquées permettant de trier au meilleur coût possible, de lieux de stockage pour les produits reconditionnés et de traders cherchant à revendre ces produits au meilleur prix possible.

La ligne hiérarchique représente la courroie de transmission entre le sommet stratégique et le centre opérationnel. Plusieurs niveaux sont observables, différenciés selon les types d'organisation. Alors que traditionnellement, dans le secteur industriel, on observe des niveaux hiérarchiques très marqués et assez « étanches » les uns vis-à-vis des autres, des structures dites à « organigramme plat » n'ont besoin, pour fonctionner, que d'un nombre très faible de niveaux hiérarchiques, avec une forte réactivité de la direction générale, en cas de sollicitation de la part du centre opérationnel. Cependant, toutes les organisations sont concernées par la nécessité de mettre en œuvre une ligne hiérarchique déterminée.

La technostructure désigne l'ensemble des méthodes et des outils d'ordonnancement de la production d'un bien ou d'un service. Il peut s'agir également de la mise en œuvre de systèmes d'information permettant d'optimiser le fonctionnement de l'organisation. Lorsque Taylor cherchait à optimiser le rendement des fabriques et des usines dont il était le superviseur puis le consultant, dans la dernière partie de sa vie professionnelle, il proposait des solutions techniques innovantes, en terme d'organisation des lignes de production, pour une meilleure cadence des ouvriers spécialisés. Cela passait par une remise en question permanente de la technostructure. Depuis, les outils utilisés ont changé, mais la préoccupation reste la même. Comment peut-on mieux repenser le processus industriel, pour produire, aux meilleurs coûts unitaires ?

Le support logistique désigne tous les services rendus nécessaires pour un fonctionnement quotidien de l'organisation, sans que ces derniers représentent eux-mêmes un enjeu opérationnellement stratégique. Le support logistique est rendu nécessaire du fait des interfaces multiples de l'organisation, avec les pouvoirs publics, les réglementations diverses (CE, CHSCT, DP en particulier) qui échoient à l'organisation, en terme donc de responsabilités. Pour reprendre l'exemple de l'entreprise de recyclage, le service du personnel fait partie intégrante du support logistique ; dans ce cas précis, le niveau de qualification du personnel et le recrutement ne représentent pas un enjeu vital pour l'entreprise, centrée en effet sur ses préoccupations de rachat des matériaux, de recyclage et de revente, au meilleur prix.

Les configurations structurelles et les modes de coordinations rencontrés

Des configurations structurelles sont proposées par Mintzberg (1985). Elles reposent pour l'essentiel sur l'existence d'une *partie clef* de l'organisation plus importante stratégiquement que les autres, et de *modes de coordinations*, qui vont prévaloir. En guise de présentation, il est essentiel de rappeler que toute typologie a le mérite de simplifier la réalité et donc de permettre une meilleure lecture et interprétation de celle-ci. L'inconvénient est que la réalité n'est pas assimilable à cette typologie et que toute organisation reste unique et « secrète ». L'intérêt de connaître cette taxonomie est de repérer quelques caractéristiques communes qui nous font dire par exemple que l'on préférerait travailler dans une agence de communication plutôt que dans une raffinerie, car les relations professionnelles, de fait, ne sont pas rendues structurellement assimilables. Alors que dans un cas on traite les difficultés rencontrées de manière informelle, de personne à personne et que cela constitue une logique de fonctionnement, dans l'autre cas, une réalité hiérarchique s'impose, reprenant en cela les étapes du processus industriel ainsi que les différents niveaux de responsabilité, légitimant cette hiérarchie. Dans les faits, la réalité est bien plus nuancée : des organisations d'une taille significative peuvent ainsi rechercher à éviter de tomber dans les travers du fonctionnement bureaucratique, en développant par exemple une culture de « l'informel ». Plusieurs modes de coordination ont cependant été proposés par Mintzberg ; ils sont au nombre de cinq :

L'ajustement mutuel désigne un mode de communication élémentaire, pour lequel les individus cherchent à traiter une question ensemble, sans considération hiérarchique, mais avec pour seul objectif l'atteinte d'un résultat donné.

La supervision directe correspond à la nécessité de déléguer des tâches et donc des responsabilités, justifiant ainsi les rapports hiérarchiques et le fait de rendre compte à son supérieur hiérarchique direct. Les modalités d'exercice de cette supervision dépendent bien sûr de l'organisation et du secteur dans lequel on exerce.

La standardisation des procédés consiste à rapporter de manière précise les procédés et la répartition précise des tâches entre les salariés, de manière à optimiser la production, et à programmer des niveaux de rentabilité attendus.

La standardisation des résultats correspond à un impératif d'activité et de résultats, par salarié. Pour un service commercial, peu importe finalement la manière dont on va manager son équipe, les objectifs de chiffre d'affaires restent la base de toute action collective. Ces objectifs sont connus de tous et restent omniprésents.

La standardisation des qualifications relève d'une logique autre. Dans certains types d'organisations, il est par exemple essentiel de rechercher des compétences clefs, au niveau opérationnel. C'est ainsi par exemple qu'une clinique ne pourra exceller et rentabiliser ses plateaux opératoires que dans la mesure où des spécialistes reconnus et compétents dans les technologies utilisées sont susceptibles d'exercer une chirurgie de qualité. Dans ce cas, le centre opérationnel est la partie déterminante de ce type d'organisation.

Les parties clefs de l'organisation et les types de coordination présentés plus haut permettent de définir des configurations différentes. Cinq d'entre elles vont être décrites ici; la *structure simple,* la *bureaucratie mécanique,* la *bureaucratie professionnelle,* la *structure divisionnalisée* et l'*adhocratie.* Nous allons présenter chacune de ces configurations, avec leurs avantages et limites.

La structure simple

La structure simple est l'apanage des organisations de petite taille ou de taille moyenne. Ces PME ou PMI partagent en commun le fait qu'elles sont stratégiquement positionnées sur un marché de niche, avec un environnement de marché homogène. Ces structures sont en général très vivantes, avec une réactivité forte vis-à-vis de l'environnement concurrentiel, mais avec le désavantage que tout repose sur une même personne ou un groupe réduit de dirigeants. Cela est un atavisme fort, en particulier lors du décès du dirigeant ou lors d'une passation de pouvoir. Le nouveau dirigeant n'aura pas le même profil managérial et cela pourra lui jouer des tours car les salariés, souvent anciens dans ce type d'organisations, sont habitués à un style de management, souvent depuis de longues années. L'implication de ces derniers est en général forte et affective ; travailler dans l'entreprise n'est plus forcément motivant en soit ; c'est le fait de retrouver tous les matins un rythme, un collectif qui créé un sentiment d'appartenance fort.

Dans ce type d'organisation, la partie clef est le *sommet stratégique* (foncé dans le schéma et dans les suivants). C'est en effet à ce niveau que les décisions vitales pour la vie de l'entreprise sont prises. Le mécanisme de coordination prédominant est la supervision directe. Les rapports entre les salariés restent en général directs, mais la hiérarchie est marquée, reprise par le statut des cadres, minoritaires en nombre, et les agents de maîtrises et les ouvriers d'autre part, responsables des aspects productifs et opérationnels.

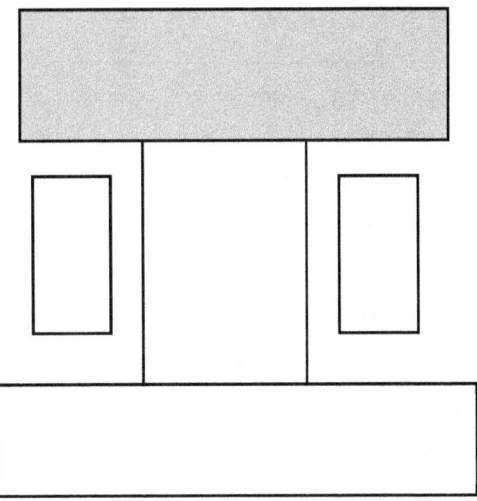

Schéma n°7 : structure simple avec comme partie clef, le sommet hiérarchique
(élaboré par l'auteur)

La bureaucratie mécanique

La bureaucratie mécanique est le type d'organisation le plus spectaculaire qui soit ! Henry Ford et la fabrication de sa fameuse Ford T sont restés dans la mémoire collective comme l'exemple d'une organisation démesurée, fonctionnant à l'image d'une machine tentaculaire, disproportionnée; dans ce vaste ensemble de rouages reliés les uns aux autres, chaque homme n'est plus que la pièce rapportée d'un vaste ensemble. Sa place est définie dans l'usine sur la chaine de montage, mais son rôle n'est plus perceptible, car il rentre alors dans un projet qui le dépasse et le subjugue. Ce type d'organisation et ses excès sont connus de tous et ont fourni des exemples de réussites industrielles remarquables. Dans ce type de structure, la partie clef est *la technostructure*. Ce sont les procédés de fabrication et l'optimisation de la production qui priment sur tout le reste. Taylor fut ainsi un inventeur reconnu en son temps, déposant plusieurs brevets innovants. Ses efforts permanents ont porté sur la recherche d'une meilleure productivité par la recherche de procédés de production sans cesse repensés, remis à l'ordre du jour. Le mode de coordination qui va prévaloir est la standardisation des procédés de travail. Chacun doit tenir son poste et doit tenir la cadence, avant tout !

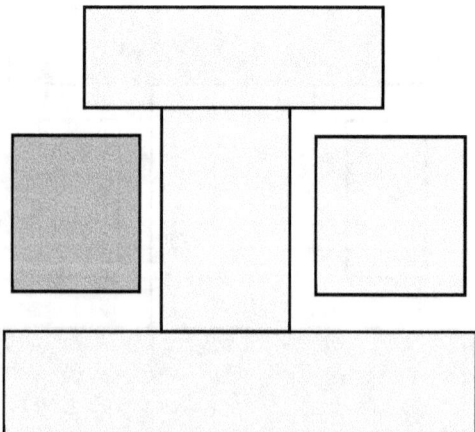

Schéma n°8 : structure bureaucratique mécaniste avec comme partie clef, la technostructure

(élaboré par l'auteur)

Ces organisations sont en général de grande taille, les immobilisations sont importantes mais ce sont des colosses aux pieds d'argile ! Le système technique reste routinier et les objectifs de productivité portent à privilégier les organisations dont la masse salariale sera la plus faible, proportionnellement ; ce type d'hyper-concurrence provoque des fermetures de sites industriels retentissants, désastreux pour les régions concernées, en recherche de restructurations. L'avantage principal de ce type d'organisation est la recherche permanente de coûts unitaires de production réduits, du fait de la production de masse.

Le marché n'est cependant pas toujours prêt à absorber ce niveau de production élevé, et des périodes de récession économiques impactent parfois irrémédiablement ces organisations. Cependant, il existe une différence notable entre les structures nationalisées, portées par les États, et les structures privées, en proie à la concurrence des pays émergeants.

La bureaucratie professionnelle

Ce type d'organisation(s) relève des mêmes défauts, mais avec cependant une différence de taille. La partie clef de l'organisation est constituée par le *centre opérationnel*. C'est en effet là que se situe l'avantage concurrentiel de ces organisations matures et de grande taille : le niveau de qualification des opérationnels est déterminant car c'est lui qui permet à ces organisations de fonctionner ; il peut s'agir par exemple des hôpitaux publics ou des cliniques, des cabinets d'audit spécialisés, etc. Le mode de coordination déterminant dans ce cas là est la standardisation des qualifications. Trouver de bons opérationnels, spécialisés dans leurs domaines de compétences reste donc un enjeu majeur et stratégique.

Cependant, une des difficultés majeures en termes de management est la difficulté à engager des changements organisationnels auprès de certaines catégories de personnels très qualifiés, donc souvent autonomes, avec des velléités d'indépendance importantes. Les questions d'évaluation des personnels se posent également avec acuité, du fait du niveau d'expertise de ces derniers. Comment évaluer, si l'on est perçu négativement comme un administrateur et que l'on ne fait pas partie du « sérail » ?

Schéma n°9 : structure bureaucratique professionnelle,
comme partie clef le centre opérationnel (élaboré par l'auteur)

La structure divisionnalisée

Les organisations contemporaines du CAC 40 sont majoritairement des structures divisionnalisées. Elles partagent ensemble leur objectif stratégique de globalisation et de mondialisation. Selon cette optique, il est essentiel de diversifier ses activités, de se positionner sur des marchés hétérogènes, afin de limiter les risques, d'atteindre une certaine taille critique (en volume d'activité et en investissements immobilisés, en particulier) et de parvenir à devenir leader. Le mode de coordination dominant dans ce type d'organisation est la standardisation des résultats. Le choix d'un pays en terme de développement se décide par exemple en fonction de sa marge contributive attendue. Inversement, si la filiale d'une structure divisionnalisée perd de l'argent, elle sera fermée ou revendue pour ses actifs ; elle ne pourra donc pas mettre en péril l'existence même de l'entité globale.

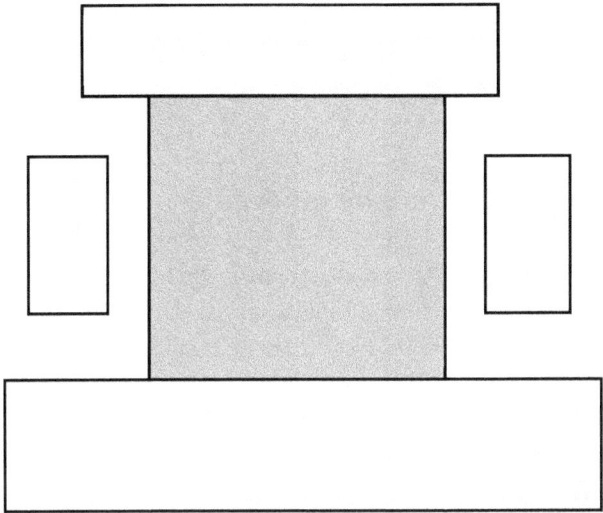

Schéma n°10 : structure divisionnalisée, avec comme partie clef la ligne hiérarchique
(élaboré par l'auteur)

Pour ce type d'organisation, la partie clef est la *ligne hiérarchique*. Ceci peut sembler surprenant, mais l'enjeu, pour une structure divisionnalisée est de s'assurer de « l'assujettissement » des filiales, par rapport aux orientations du conseil d'administration. Ainsi, des systèmes de contrôle interne permettent de maintenir la cohésion entre des entités parfois très éloignées entre elles, en termes de métiers de base, de culture organisationnelle, de cultures nationales, etc. Cette cohésion est indispensable et des politiques de direction des filiales sont mises en œuvre afin de présenter une image unifiée, pour des activités qui sont parfois assez éloignées les unes des autres. Si l'on prend l'exemple du secteur pétrolier par exemple, quelle ressemblance peut-on trouver entre un ingénieur travaillant sur une plate forme pétrolière en mer du Nord, un jeune commercial cherchant à « placer » ses lubrifiants automobiles et un manager de station service, intéressé par le chiffre d'affaires de son commerce avant tout, ce qui inclut le développement de ses référencement de produits grand publics (et donc non pétroliers) ? Rien, sauf le drapeau qui « flotte au vent » et qui incarne l'image d'une société multipolaire, mais unifiée, pour le consommateur final. Cette cohésion peut également être remise en question par le niveau d'autonomie des cadres dirigeants de ces filiales, véritables chefs d'entreprises, velléitaires et par nature, indépendants. Le risque de balkanisation est donc toujours présent, et la politique du siège en matière de gestion des ressources humaines doit également intégrer cette dimension.

L'adhocratie ou la structure innovante

Cinquième de ces structures organisationnelles, l'adhocratie ressemble par certains points à la structure simple ; en effet, le sommet stratégique représente une des deux parties clefs de cette configuration. Une différence de taille distingue cependant ces deux structures. L'adhocratie fonde son existence sur le pari d'une idée nouvelle, se traduisant par un produit ou un service innovant. Comme nous le verrons dans le chapitre suivant, les exemples sont nombreux et variés, du fait de leurs particularités. L'adhocratie présente également un centre opérationnel déterminant car les compétences de certains de ses salariés sont essentielles pour mener à bien ces projets innovants. En général, l'entrepreneur lui-même est dépositaire de ce savoir faire unique, de cette idée en avance sur son époque ou comblant une lacune sur le marché, susceptible de répondre à une demande.

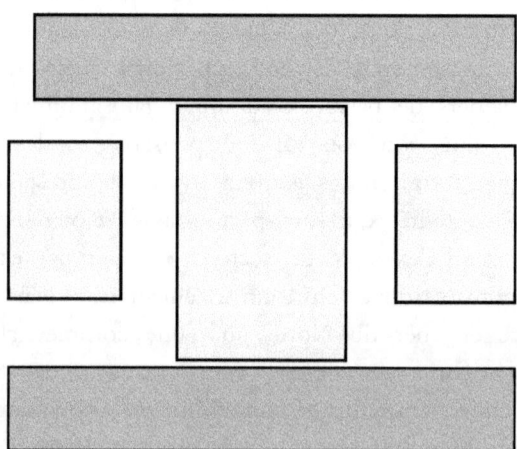

Schéma n°11 : adhocratie, avec comme partie clef le sommet stratégique et le centre opérationnel (élaboré par l'auteur)

L'ajustement mutuel reste le mode de coordination le plus significatif pour ce type d'organisation. Cela relève de l'évidence que dans ce cas l'enjeu premier étant la survie de l'entreprise, celle-ci ne va pas mettre en place des procédures et des relations hiérarchiques qui limiteraient le pragmatisme de ses dirigeants. Un exemple d'adhocratie resté célèbre est celui du projet Apollo, né de la volonté des États unis, dans les années 60 de dépasser l'URSS dans la course à l'espace. Au sein de la NASA, administration bureaucratique et partageant la plupart des caractéristiques de la bureaucratie professionnelle, une entité nouvelle venait de naître, avec des moyens financiers inédits, des personnalités triées sur le volet et de toute provenance du fait de leurs compétences dans le domaine aéronautique. Certains se virent même offrir une seconde vie professionnelle, au travers notamment de l'opération Paperclip, révélée au reste du monde dans les années 70.

En guise de conclusion

Comme nous le signalions au tout début, les typologies ont l'avantage de simplifier la réalité et de donner aux étudiants des clefs pour décrire le fonctionnement des organisations. D'autres auteurs ont proposé des approches non moins utiles, tel Gareth Morgan (1999), avec ses images métaphoriques des organisations. Pour l'heure, nous allons étudier, dans le chapitre suivant, comment cette analyse organisationnelle s'intègre dans une approche plus globale de l'apprentissage organisationnel, avec les éléments de stratégie, de culture, de structure et des systèmes organisationnels. Cette approche holistique nous permettra ainsi de décrire le management de l'innovation dans les organisations contemporaines.

Pour aller plus loin dans l'analyse des organisations

Sur l'aspect « analyse organisationnelle » :

- J. de Rosnay (1975). *Le Macroscope, vers une vision globale*, Seuil, Paris.
- H. Mintzberg (1982), *Structure et Dynamique des Organisations*, Editions d'Organisation, Paris.
- J. Nizet et F. Pichault (1995), *Comprendre les organisations : Mintzberg à l'épreuve des faits*, Gaétan Morin, Paris.

- Desreumaux(1998). *Théories des organisations*, Ed. Management et société, Paris.
- G. Morgan(1999). *Images de l'organisation,* De Boeck Université, Canada.
- J-M. Plasne (2000). *Théorie des organisations*, Dunod, Paris.
- Y. Pesqueux (2002). *Organisation : modèles et représentations*, PUF, Paris.
- Y.F Livian (2005), *Organisation : théories et pratiques*, Dunod, Paris.

Sur l'aspect « management des hommes » :

- J. Orsoni (1990). *Politique Générale d'Entreprise*, Vuibert, Paris.

- N. Aubert (1999). *Management : aspects humains et organisationnels*, PUF, Paris.

- CPA (collectif, 2002). *Modèles d'organisations - accompagner les mutations de l'entreprise*, Village mondial.

- R. Leban (2005). *Management de l'entreprise : principes et meilleures pratiques,* Editions d'Organisation, PUF, Paris.

Chapitre 4
A Framework for Understanding the Role of Organizational Strategy, Structure and Systems in Innovation Management: Examples and Best Practices

Marcos LIMA

Résumé:

Dans cette contribution, nous utilisons un cadre d'analyse en management de la connaissance dérivé de l'approche classique des « 7S » de McKinsey, afin d'examiner la façon dont les éléments Stratégie, Structure et Système contribuent à créer une culture de l'innovation. Nous illustrons cette approche d'exemples tirés des pratiques de leaders du monde de l'entreprise. Pour ce faire, nous définissons en premier lieu les éléments de base d'un système de management. Nous mettons en évidence la façon dont les individus et l'information sont les ressources les plus importantes pour le management de l'innovation, en ce qu'ils sont les deux composantes nécessaires à la création de connaissance. Nous procédons ensuite à la mise en discussion de la façon dont les organisations innovantes devraient se concentrer sur les éléments stratégiques et tactiques de la gestion de la connaissance, en utilisant les systèmes d'information comme support pour sa communication et son contrôle. Enfin, nous appliquons ces éléments à la mise en discussion spécifique d'incidents critiques rencontrés par certaines organisations au cours des dernières décennies. L'ambition principale de ce chapitre est de souligner l'importance de cadres d'analyse simples pour la compréhension de concepts complexes tels que l'apprentissage organisationnel ou encore le management de la connaissance et de l'innovation.

Abstract

In this paper, we use a knowledge management framework derived from McKinsey's classic 7S approach to examine how elements of strategy, structure and systems contribute to create a culture of innovation, illustrating this approach with examples taken from best practices from industry leaders. In order to do so, we start by defining the basic elements in a management system. We highlight how people and information are the two most valuable resources for innovation management, as these are the two basic components for knowledge creation. We then proceed to discuss how innovative organizations should focus on the strategic and tactical elements of knowledge management, while using information systems as a support for communication and control. We finally apply all of these elements in specific discussions of critical incidents involving several leading organizations in the last decades. The main objective of this chapter is to emphasize the importance of simple frameworks for understanding complex concepts such as organizational learning, innovation and knowledge management.

Introduction

If a business student were asked to describe a complex organisation, such as Apple Inc., he might be tempted to talk about well-known, trivial aspects of that iconic company, such as its location in California, its product line, its brand reputation and its charismatic founder and historic CEO Steve Jobs. Usually, though, students quickly run out of elements to describe Apple or any other organization, even ones they are very much familiar with, like their own business school or the firm where they are doing their internship. The reason for such lack of depth is that the human mind tends to focus on only a few aspects of any problem at any given time. That is why frameworks play such an important role in business learning. A framework can be simply defined as a "check-list" for thinking (Lima and Fabiani, 2014), and often includes several variables that should be considered simultaneously for problem solving.

Consider, for instance, organizational analysis frameworks. If we break-down the above question with the help of a classic framework, such as McKinsey's 7S model (structure, strategy, systems, staff, skills, style and shared values), a student will be able to ask more specific questions such as "What is Apple's *strategy* in the smartphone market", or "How does Apple use its *structure* to incentivize creativity among its engineers", or "What are some of Apple's *staff* recruiting criteria?" These framework-based questions are a meaningful guide to understanding the complexity of organizations.

In this chapter, we share key insights on "Innovation Management" through a Knowledge Management Framework based on McKinsey's 7S. We begin by discussing the very concept of management in terms of its key components. We then describe how these components interact in an organizational background. Finally, we illustrate key principles of innovation management through concrete examples of best practices among leading companies.

An Overview of Management Systems

Before discussing the "object" of this article, namely innovative organizations, it is convenient to recall basic definitions of *management* in general and *innovation management* more specifically. A question that even advanced students sometimes struggle to thoroughly answer is: How can we define any type of management process – project management, knowledge management, etc.? While some of their answers capture some of the aspects of management, students rarely have a systemic view of the management process. Figure 1, based on the classic PDCA (plan-do-check-act) cycle known as the "Deming Wheel", illustrates the key elements of a simple management system.

The PDCA principles are nothing new. In fact, they can be traced back all the way to the creation of the Scientific Method by Francis Bacon in the 17th century, whose "hypothesize – experiment – evaluate" process is very similar. What makes management a particular "science" is that it consists of planning, allocating and controlling a very peculiar set of *resources* (Platje and Wadman, 1998; Singh, 2013). Those resources consist mostly of four essential components: human, informational, financial and material elements (Davenport, 2013). Arguably, human and informational resources are the most important of these. Indeed, if we have the right people, they will use the most relevant strategic sources of information to generate knowledge and intelligent decisions about financial and material resources required to deliver value to customers. Conversely, having plenty of money or materials but poor decision makers won't get organizations very far.

Consider for example the case of Facebook. Mark Zuckerberg didn't have a lot of money, equipment or personnel when he started his company in a Harvard dormitory. But because he knew the right *people* (other developers, venture capitalists, experienced entrepreneurs) he could get all the other resources required to build the most successful social network in the history of the Internet.

Figure 1 synthesizes what might be called the "DNA of every managerial problem". As discussed above, management problems occur either because of poor planning, or implementation or controlling of people, information, money or materials. As simple as it sounds, this insight is a powerful way of identifying internal strengths and weaknesses in a managerial system, whether they deal with innovation management, HR management, IT management, logistics or finance management. Like the DNA molecules that constitute all living things – microscopic or gigantic – these elements are the basis of every organizational process, whether we are talking about a one-person startup or a multi-billion dollar business conglomerate.

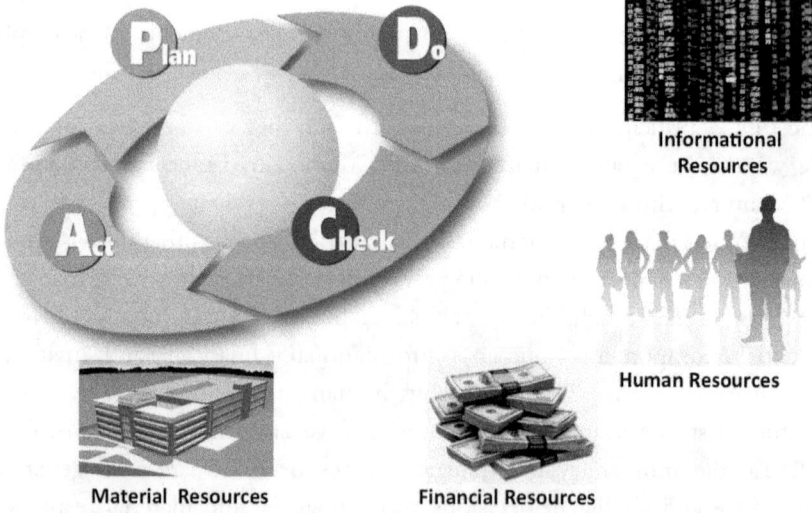

Figure 1. The "DNA" of Management Problems (compiled by the author)

Therefore, we can now define innovation management as planning, implementing and controlling knowledge (people + information) in order to create product and services that address certain *unmet needs of the market.* This definition introduces an external component, market needs and expectations, which is beyond the direct control of managers. Hence, good innovation managers are competent not only in dealing with the internal resources at their disposal, but at understanding those poorly met market needs and expectations and to devise solutions for them.

The next step in understanding innovation management is to define the internal and external components of a management system. Every basic system is composed of four basic elements: input, process, output and feedback (Ilgen et al., 2005). In a management system, as illustrated in Figure 2, inputs consist typically of the aforementioned resources (human, informational, financial and material). The process is defined by the stages of planning, allocating and controlling those resources in order to create outputs (products or services) that address customer needs. Market feedback are the signals (in the form of product adoption rate, comments, criticisms) generated by customers who buy and/or use the product, as well as information concerning opportunities of doing a better job than competitors at solving current and future customer needs.

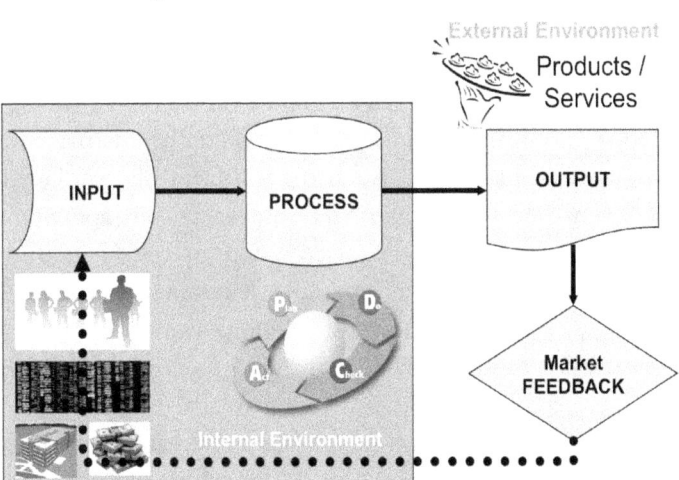

Figure 2. Illustration of a management system (designed by the author)

Great companies are very good at listening to market feedback and adapting their inputs and processes to bridge the gap between customer needs and the firm's actual output. They behave like an open system, in which the conditions of the external environment influence directly how inputs and processes are managed – like an air conditioner that adjusts how much cold air it produces based on the readings of the thermostat and the desired temperature established by the user. Mediocre companies find it difficult to learn with the external environment and adapt its resources and processes accordingly, behaving like a closed system – like a ventilator that keeps the air flow steady at one level irrespective of the external temperature changes.

The examples of Nokia and Blackberry are very eloquent when it comes to illustrating the dangers of not listening to market needs / feedback and adapting its processes accordingly. By sticking to the idea that physical keyboards were a necessary element of smartphones, even after market feedback showed how the world craved tactile devices, these two companies basically signed their death sentences. Samsung, on the contrary, realized that this new market trend was irreversible very early on, and partnered with Google to develop tactile Android phones to compete directly with Apple.

The 7S Framework for Organizational Analysis

Now that the basic elements of every managerial system are established, let's turn our attention to the internal and external business environments. The borders of an organization lie precisely where the internal and external environments meet. Figure 2 illustrates which elements are directly under the control of managers in the internal environment (the inputted resources and how they are managed / processed) and those elements that are not controlled directly – the market forces that determine whether products or services will succeed or fail. External forces include not only the competitive rivalry of the industry, but also **p**olitical, **e**conomic, **s**ocio-cultural, **t**echnological, **e**cological and **l**egal trends (often called PESTEL environment). Managers cannot control these forces. Rather, they should monitor them closely in order to adapt their products and services – this is also part of "market feedback". Because we cannot manage and control those external elements, we will focus on the controllable variables in the *internal* environment of *organizations.*

Organizations can be analysed in different ways by different schools of thought (Handy, 1993), but one approach that practitioners find very useful is that of the consulting company McKinsey and Company, known as the "7S" framework (Waterman, Peters, Phillips, 1980), depicted in Figure 3.

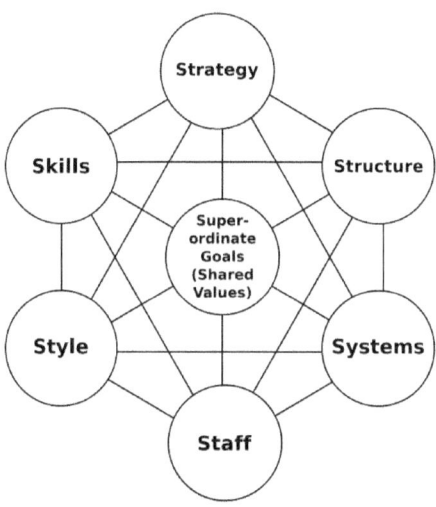

Figure 3 – McKinsey's 7S Framework

The first thing to notice in this approach is the fact that these variables are all interdependent and non-hierarchical (as suggested by the interconnected lines). A change in *strategy* will affect the way communication and control *systems* are used, for example, but also the way people use the formal and informal *structures* to develop projects, the skills that will be prioritized, the people / *staff* that will play the most important role and ultimately how the organizational culture (*shared values / style*) will be affected. Conversely, recruiting new people (staff) or introducing new tools or systems will provoke changes in the organization's culture, which will eventually cause all the other variables to adapt, and so on.

Another important aspect of this framework is the fact that certain variables are more easily controllable than others. Strategy, structure and systems are called "hard S's" because, as is the case in the "hard sciences" (physics, chemistry, mathematics), they can be quantifiable or at least explained by using explicit supports (diagrams, charts, slides, etc.). The "soft S's", however, belong to the sphere of the intangible, implicit domain of organizational culture (staff / people, management style, skills, shared values). It is much easier to design the strategy, the structure and the systems of an organization than to "develop" its "soft" aspects. When it comes to innovation, however, a close coordination between soft and hard elements is crucial for creating or developing a learning environment, as explained below.

Towards a Framework for Innovative Knowledge Management

In the early 2000s an ex-McKinsey consultant called Claudio Terra created a model for innovation and knowledge management based on the classic 7S framework. It is depicted in Figure 4.

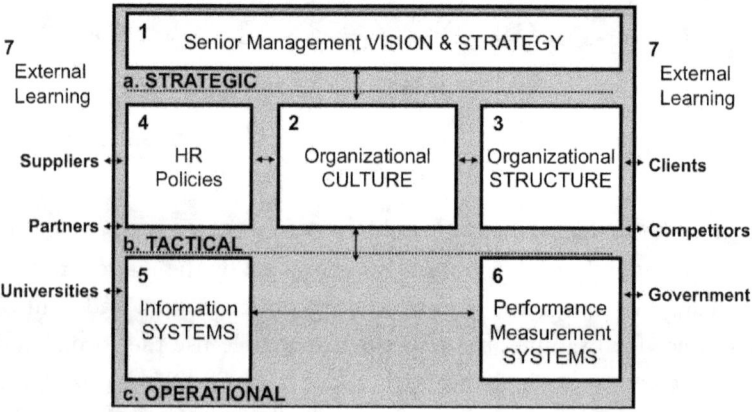

Figure 4 – The 7 Dimensions of Knowledge Management (Terra, 2001)

Terra's diagram has the merit of prioritizing the strategic, tactical and operational variables of the McKinsey model while adding a distinction between internal and external learning environments. The similarities and distinctions between the two models become clear at a glance: strategy (and vision, element number 1) becomes the most important layer. It is an "umbrella" overhanging all other variables; the rise or fall of organizations largely depends on how accurate and flexible are their senior management vision and strategy. Culture (2) is the equivalent to style and shared values. Structure (3) remains a separate component, while staff and skills become "HR policies" (4). Systems are subdivided into information systems (5) and performance measurement systems (6), emphasizing the importance of communication and control in learning organizations. And external learning (7) is added. We also see here how two of the input elements previously discussed in a management system are particularly prominent: people (4) and information (5), the basis of learning and knowledge creation (7). Furthermore, two of the management process variables are emphasized: planning (vision, strategy, number 1) and control (performance measurement, number 6).

It is worth mentioning the central role of Culture (2) in Terra's model: after vision and strategy, it is the second most important piece of his whole concept. All other elements in the organization converge to create and influence organizational culture, but as suggested by the double-headed arrows, they are all equally influenced by those "shared values". Without a "culture of innovation" that favors risk taking, initiative and iconoclastic thinking, companies are doomed to reproduce their success formulas from the past, ignoring the many learning opportunities presented by the evolving needs and expectations of customers.

Based on these elements, we can revisit our definition of innovation management: beyond "planning, implementing and controlling learning practices in order to create product and services that address certain unmet needs of the market", innovation management can be defined as the *ability of senior management to establish a guiding vision based on current and future unmet needs of customers, and to transform that vision into organizational structures, processes and systems that deliver superior value through a culture of constant learning.*

In the following session, we'll illustrate this definition by revisiting each one of the elements in Terra's framework in the context of best practices by leading companies.

Applying Terra's Framework:
Best Practices from Leading Companies

Senior Management Vision and Strategy

When he co-created the first commercially successful personal computer in 1976, the Apple II, Steve Jobs had a vision of "computers for ordinary people". That notion seemed completely absurd at the time. Hewlett Packard, which technically had the intellectual property rights to the prototype created from its spare parts, dismissed it as a child's toy with no practical use. Apple had raised 250 thousand dollars in venture capital, allowing it to go from a garage business to a promising start-up. But rather than put all the money into finished products, most of the initial budget was used for prototyping a machine that looked and felt as friendly as a household appliance and to communicate about its features in a very high-end advertising campaign. That strategy paid off handsomely when the product was launched at the West Coast Computer Fair of 1977. The vision of computers made accessible to ordinary people through meticulously user-friendly design, coupled with a strategy to position itself as a premium, high-margin brand, is an example of how visionary product design made Apple one of the most iconic companies of all time.

During the same period, Microsoft also had a vision of "a computer on every desktop and Microsoft software running in every computer". Their strategy, however, would involve less focus on the user experience and more focus on the business model. Rather than obsess with product perfection, like Steve Jobs, Bill Gates focused on creating strategic partnerships (with IBM initially, then with other Original Equipment Manufacturers) to make sure that every new computer would leave the factory with Microsoft software in it. By retaining ownership of the software (in other words, by licensing rather than selling it), Microsoft created an innovative business model with high revenue streams and low costs, thus becoming one of the most prosperous players in the personal computer revolution.

A great vision without a coherent innovation strategy, or vice versa, will most likely lead to failure. Visionary start-ups fail every day because they lack an appropriate go-to market strategy or business plan. Conversely,

Kodak went bankrupt not for lack of innovation culture or because they failed to launch new products and services (they actually invented the first digital camera), but because they lacked vision: they underestimated the rate of obsolescence of their core product, chemical films.

Culture, Structure and Human Resource Policies

These three components are intimately related and are directly connected with vision and strategy. Let's take Apple's example again. In order to fulfil his vision of creating beautifully designed products that anybody could use, Steve Jobs knew he needed "artists". In his own words[8], "part of what made the Macintosh great was that the people working on it were musicians and poets and artists and zoologists and historians who also happened to be the best computer scientists in the world". Apple's recruitment policies were deeply influenced by a culture "at the crossroads of engineering and liberal arts". Not only the kinds of talents they recruited and how they retained them, but also how their offices were designed to allow a free flow of communication across open spaces, the way people were encouraged to work in small teams and the way new ideas were appreciated and stimulated. Apple's current "spaceship" project[9], illustrated by Figure 5, is a good example of how these cultural values permeate its organizational structure.

From the plans for these headquarters (expected to be delivered by 2016) we can immediately apprehend that:

- The circular shape of the building suggests a "flat-hierarchy" ethos
- The presence of green spaces and ubiquitous sun-filled rooms indicates how much the company values employees' well being as a source of creative thinking;
- The "walkable" nature of the circumference and the prominent role of the cafeteria suggest the physical structure incentives chance meetings, casual sharing, collision of ideas and "cross-fertilization" of creative minds.

---

8 http://www.pbs.org/nerds/part3.html
9 http://www.digitaltrends.com/apple/the-spaceship-is-coming-apples-hq-plans-green-lighted/

Figure 5 – Apple's "Spaceship" Campus project

All of these structural elements aim at avoiding the "silos" syndrome of large corporations – different parts of a company that hardly ever meet spontaneously to coordinate and exchange ideas. Of course, a physical building is not the cause but the symptom of a culture of learning and innovation. Active Human Resources policies (such as recruitment and career development criteria, training, motivation techniques, etc.) should stimulate cross-functional exchange and incentivize teamwork in order to fully develop a culture of creative collaboration.

Information Systems and Performance Measurement Systems

These two variables are part of the operational level of Terra's model. They are meant as supports to the tactical and strategic components discussed above. Without the right people, guided by the right vision and strategy in an appropriate learning culture, these systems are useless. Nevertheless, when bright people are well managed, these tools can increase their potential manifold, as the following examples will try to convey.

Information Technology (IT) as a tool to reduce costs and improve performance is at the heart of most innovations created by Amazon. At the world's largest online retailer, IT algorithms are used, for instance, to:

- facilitate customer decision-making through search and recommendation engines;
- improve logistics by tracking packages and determining optimum inventory levels according to demand;
- reduce travel costs by promoting videoconferencing and distant collaboration;
- create a dashboard of instant metrics, from the average time spent on the phone during customer service calls to sales forecasts.

Like Google, which is reputed for basing every product decision on data, Amazon has achieved their world dominance through a careful combination of technology and controlling systems. Jeff Bezos, Amazon's CEO, created a culture of "decision by metrics" that permeates every meeting throughout the company. Those metrics take into account not just the financial aspects of the business, but also customer, process and learning performance indicators, as popularized by Kaplan and Norton's (1996) Balanced Scorecard (BSC, illustrated in Figure 6).

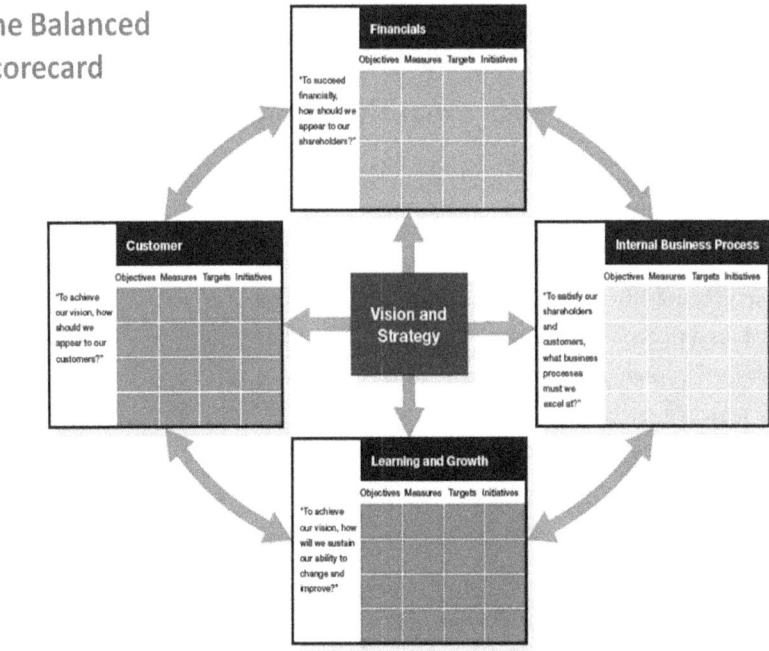

Figure 6 – The Balance Scorecard (Kaplan and Norton, 1996)

What is interesting to notice in the BSC concept is the central role that "vision and strategy" play. Indeed, the objectives in each dimension should reflect the overall strategic positioning of the company. This reinforces the importance of the strategic element in Terra's original model as the "starting point" and "overarching principle" that should guide every organizational dimension. It also reinforces the link between planning, allocation and controlling of resources as the basis of every management system.

It should be noted, however, that not everything can or should be measured and controlled. Personal judgment and "gut instincts" do play an important role in moving towards the vision. Einstein did not have any empirical data when he first formulated his theory of relativity – he famously stated that imagination is more important than knowledge. Therefore it is appropriate that information and control systems remain at the operational level of Terra's framework, entirely subordinate to the strategic and tactical levels. Even though the "hard Ss" (strategy, structure, systems) can and should be measured, the intangible "soft Ss" (skills, staff, shared values and style), which are part of the human side of organizations, are difficult to measure and yet remain essential for the innovation process to succeed.

Learning with the External Environment

The final dimension in Terra's framework (learning with suppliers, partners, customers and competitors) adds the external environment to the original 7S framework. Indeed, innovation cannot happen if internal learning is disconnected from outside sources. Unmet customer needs are, as seen, the very essence of what drives innovations, but meeting those needs requires both a "knowledge push" (introducing product and services features based on a firm's own technology and competences) and "market pull" (learning from customers, competitors, suppliers and partners).

The story of the introduction of Graphic User Interfaces (GUIs) in the personal computing revolution is quite emblematic of how these learning opportunities interplay. Xerox was the first company to adapt a mouse as an input device for a graphic screen when it created the Xerox Alto computer prototype in the early 1970s. In another example of the importance of vision for innovation success, Xerox leaders did not see how the new machine related to their core business of document management. They therefore agreed to let Steve Jobs use the technology in a project called Lisa, which was the forerunner of the first Macintosh computer, launched in 1984. The Macintosh interface in turn inspired Microsoft to create Windows, which remains the most widely used operating system to this date.

The saga of GUIs illustrates how vision, strategy and external learning are closely related. Such a technological breakthrough could not have come from a "market pull" initiative, such as developing a customer survey. It required visionary leaders such as Jobs and Gates to adopt it as a "knowledge push" movement. Xerox, Apple and Microsoft illustrate how partners can become competitors and competitors can become suppliers in the learning game. Because Microsoft had a better business model than Apple's and because it was better positioned than Xerox, it reaped far more benefits from the GUI revolution than its inventors (Xerox) and pioneers (Apple). Constantly monitoring what was happening in Silicon Valley was a key factor that explains Microsoft success as an innovator.

Conclusions

In this chapter, we tried to synthesize through a few key images and examples how the use of frameworks can make it easier to understand the role of strategy (and vision), structure and systems in innovation management. We tried to demonstrate that an innovation management system consists, like any other management process, of planning, allocating and controlling resources. The ability of an organisation to learn and to use knowledge (people + information) to address unmet needs of customers is what distinguishes innovation from other processes.

Terra's framework integrates these variables beautifully. It gives a prominent role to strategy and vision as the starting point of every innovation process. Vision and strategy are, as seen, supported by structures and systems at the tactical and operational levels. Innovative organizations are designed to appropriately adapt each one of these components in order to maximise learning from the external environment.

Trying to capture the insights of a fifteen-hour course in a few pages is a huge challenge. For the sake of synthesis, some of the interesting relationships between the variables are simplified or omitted. The best way to internalize the frameworks presented in this article is to practice them. We strongly suggest the readers to look at organizations surrounding them through the conceptual lenses discussed here. These "checklists for thinking" should make it much easier to identify problems in the learning processes of those organizations and how to propose solutions on how to better manage resources to achieve innovative solutions. Here are a few questions that may help in this process: Do these companies have a clear vision of their role in fulfilling unmet needs and a coherent strategy to deliver that value? Do they have a culture that prioritizes constant learning and adaptation to the ever-changing opportunities and threats of the external environment? Do their organizational structures facilitate sharing and learning? Do they recruit the right people, with the right competences to fulfil their vision? Are these people incentivized to learn and grow? Can these people rely on efficient information and communication systems to produce and share knowledge? Are the performance metrics relevant and attuned to the vision and strategy? And finally, are these organizations capable of constantly adapting their processes and outputs based on feedback from the actors in the external environment (above all customers, but also partners, suppliers and competitors)?

References and Further Readings

Cringely, R. X. (1996). *Accidental empires: How the boys of Silicon Valley make their millions, battle foreign competition, and still can't get a date.* Basic Books.

Davenport, T. H. (2013). *Process innovation: reengineering work through information technology.* Harvard Business Press.

Freiberger, P., & Swaine, M. (1999). *Fire in the Valley: the making of the personal computer.* McGraw-Hill Professional.

Handy, C. (1993). *Understanding organizations.* Penguin UK.

Ilgen, D. R., Hollenbeck, J. R., Johnson, M., & Jundt, D. (2005). Teams in organizations: From input-process-output models to IMOI models. *Annu. Rev. Psychol.*, *56*, 517-543.

Kaplan, R. S., & Norton, D. P. (1996). *The balanced scorecard: translating strategy into action.* Harvard Business Press.

Lima, M. and Fabiani, T. (2014). *Teaching with cases: a framework-based approach.* Amazon Create Space.

Platje, A., & Wadman, S. (1998). From Plan-Do-Check-Action to PIDCAM: the further evolution of the Deming-wheel. *International Journal of Project Management, 16*(4), 201-208.

Singh, V. K. (2013). PDCA Cycle: A Quality Approach. *Utthan–The Journal of Management Sciences, 1*(1).

Stone, B. (2013). *The everything store: Jeff Bezos and the age of Amazon.* Random House.

Terra, J.C.C. (2001) *Gestão do conhecimento: O grande desafio empresarial.* São Paulo: Negócio.

Waterman Jr, R. H., Peters, T. J., & Phillips, J. R. (1980). Structure is not organization. *Business Horizons, 23*(3), 14-26.

Chapitre 5
La satisfaction client :
concept clé du marketing relationnel

Najoua ELOMMAL-MANITA

Résumé

Concept clé du marketing relationnel et thème majeur de l'analyse du comportement du consommateur, la satisfaction client a fait couler beaucoup d'encres. En effet, ce concept suscite l'intérêt aussi bien des chercheurs que des praticiens en marketing depuis les années 70. L'intérêt porté à ce concept se trouve justifié par son lien positif avec la fidélité des clients, les recommandations et les profits réalisés par l'entreprise. Afin de mieux cerner le concept de satisfaction client, nous allons à travers ce chapitre, d'abord présenter ses origines ainsi qu'un bref historique de la recherche sur la satisfaction client. Nous essayerons ensuite de mettre en lumière les définitions, approches et les différents modèles de formation de la satisfaction client.

Abstract

This chapter deals with the concept of customer satisfaction, a key construct of relationship marketing and consumer behavior analysis. Indeed, this concept arouses the interest of both researchers and practitioners in marketing since the 70s. This attention is justified by its positive correlation with customers loyalty, customer recommendations and profits. In order to better understand the concept of customer satisfaction, this chapter will present a brief history of customer satisfaction research as the origins of the concept itself. We will then try to explore a few definitions, approaches and models of customer satisfaction.

Introduction

Ce chapitre vise à effectuer un tour d'horizon sur un concept clé du marketing relationnel, la satisfaction client. Ce dernier suscite l'intérêt aussi bien des chercheurs que des praticiens en marketing depuis plusieurs années. En effet, les premières recherches sur la satisfaction des consommateurs datent du milieu des années 70. Depuis, la satisfaction est devenue un thème majeur de l'analyse du comportement du consommateur. La multiplicité et la diversité des études ayant abordé ce concept témoignent de son importance (Oliver, 1980 ; Vanhamme, 2002). Mais pourquoi cet engouement sur la satisfaction client ? L'intérêt porté à ce concept se trouve justifié par son lien positif avec la fidélité des clients, l'intention de recommander le produit ou le service et les profits réalisés par l'entreprise. En effet, l'amélioration de la satisfaction constitue le moyen le plus souvent utilisé pour augmenter la fidélité et par conséquent, améliorer le taux de rétention des clients (Lachaud, 2003). Aussi, plus les clients sont fidèles plus ils intensifient leurs achats et plus ils ont un impact financier favorable pour l'entreprise (Anderson et Mittal, 2000). En outre, les clients satisfaits ont plus tendance à recommander le produit ou le service à leur entourage. Dans ce contexte, plusieurs recherches ont démontré que des scores de satisfaction élevés entraînent du bouche à oreille positif (Hesket, 1994). Enfin, il est plus onéreux pour une entreprise de gagner un client que de conserver un client préexistant.

Afin de mieux cerner le concept de satisfaction, nous présenterons dans un premier temps, un bref historique de la recherche sur la satisfaction client ainsi que ses origines. Dans un deuxième temps, nous essayerons de mettre en lumière les définitions et typologies de ce concept. Les différents modèles qui expliquent la formation de la satisfaction seront abordés dans une troisième partie.

Bref historique de la recherche sur la satisfaction

La recherche sur la satisfaction client est marquée par deux grandes époques (Evrard, 1993). La première est relative aux années 70, la deuxième concerne les années 80.

L'émergence implicite de la satisfaction du consommateur

Les premières recherches sur la satisfaction des consommateurs datent du milieu des années 70. En effet, dans un contexte de développement des mouvements de défense du consommateur (consumerism), Ralph Day et Keith Hunt[10] ont réalisé des travaux séminaux, avec le soutien de la FTC (Federal Trade Commission) et de l'OPPE (Office of Policy Planing and Evaluation). Engagées dans une perspective de diagnostic sur le fonctionnement des marchés, ces recherches avaient pour objectif d'aider à la décision en matière de politiques fédérales de régulation dans le domaine de la consommation (obligations d'information, réglementation, aspects juridiques....). Pendant cette période, l'approche des entreprises de la satisfaction était plutôt réactive qu'active. En effet, leur intérêt se portait sur la réponse aux plaintes du consommateur. Ce premier courant s'intéressait plutôt à l'insatisfaction du consommateur à l'aide de méthodes complètement descriptives.

Vers un concept clé du comportement du consommateur

Pendant les années 80, les recherches se sont orientées vers la place de la satisfaction dans l'ensemble du processus de consommation des produits et services, qui ne prend pas fin lors de l'acte de l'achat. En effet, l'accent a été mis sur les perspectives « micro » sachant que la préoccupation macro[11] n'a pas disparu. Ainsi, l'importance de la satisfaction des consommateurs comme variable clé des comportements ultérieurs à l'achat (ré achat, bouche à oreille favorable…) a été reconnue par les entreprises. Cette évolution découle à la fois de la stagnation des marchés qui a mené à la mise en œuvre d'un marketing « défensif » (Fornell et Wernerfelt, 1987), et du

---

[10] L'organisation de la première conférence spécialisée sur ce sujet, qui a eu lieu à Chicago en Avril 1976 avec le soutien du MSI (Marketing Science Fondation), pourrait constituer une date de naissance symbolique (cf.Hunt, 1977).

[11] Cf.par exemple les travaux de Fornell (1992) sur les comparaisons intersectorielles de relations entre des consommateurs et la structure des marchés.

mouvement de « la qualité totale » qui prend en considération la satisfaction des consommateurs comme une facette marketing.

La satisfaction est alors devenue un thème majeur de l'analyse du comportement du consommateur aussi bien pour les chercheurs, que pour les entreprises. Toutefois, ces deux champs ont des objectifs différents comme le souligne Bachelet (1992). En effet, tandis que les chercheurs privilégient la conceptualisation et la compréhension des processus de formation de la satisfaction, les praticiens s'intéressent surtout aux mesures des niveaux de satisfaction. Notons que les études les plus importantes dans le domaine sont celles réalisées aux États-Unis au cours des années 80.

Après avoir présenté un aperçu sur l'histoire de la recherche sur la satisfaction, il convient de se demander quelles sont les origines de la satisfaction client.

Les origines de la satisfaction

Le développement de la préoccupation de la satisfaction a été le résultat de plusieurs facteurs (Boss, 1993) :

- La poursuite de la qualité interne des produits, qui a été étendue hors des installations de production. Ceci a eu lieu quand on a découvert que le client était une composante critique de la qualité;

- La démarche de l'assurance qualité par la certification et les normes. Elle a été le résultat de la pression que les administrations exerçaient sur leurs fournisseurs. Ensuite, elle a été généralisée à la sous-traitance et aux services ;

- La motivation de grands concours nationaux qui concernent aussi bien la qualité que la satisfaction des clients. L'ancêtre étant le prix Deming au Japon ouvert aux entreprises étrangères et obtenu en 1989 par Florida Power & Light Co ;

- La reprise de la part des entreprises des réflexions déjà anciennes du marketing dans le cadre d'une « orientation marché » ou « orientation client ». En effet, à cause de la concurrence, ces entreprises étaient contraintes à la recherche de compétences distinctives. Ce qui leur conférerait une supériorité sur la concurrence. Cet avantage est difficile à acquérir par la seule opération de produits relativement standardisés, d'où la nécessité d'ajouter des services aux produits et aux services de base ;

- Le développement considérable du secteur tertiaire et l'émergence d'un marketing spécifique au service dont la qualité ne peut se mesurer et se contrôler que par la satisfaction globale des clients. En effet, l'intangibilité, l'hétérogénité et la production souvent confondue avec la consommation, constituent autant de caractéristiques de services qui rendent la mesure de sa qualité difficile ;

- Pour les services publics, l'orientation-marché ne fait pas partie de la culture des prestataires. De ce fait, compter sur la mesure de la satisfaction des clients reste le seul moyen pour amener le personnel réticent aux changements dans cette direction, le sensibiliser et le motiver (Air France, transport Urbain…) ;

- Pour les entreprises très décentralisées, la mesure de la qualité et la satisfaction offre au management central la possibilité d'avoir un certain contrôle sur les agences éloignées ;

- Enfin, il ne faut pas oublier le conformisme des entreprises : « mes concurrents le font, pourquoi pas moi ? ».

En résumé, ces différents facteurs ont concouru au développement de la préoccupation de la satisfaction des clients avec des poids variables. Les points les plus importants de ses origines étant le mouvement de la qualité, les concours et le marketing de services, nous allons essayer de les détailler dans les paragraphes suivants.

La qualité comme point de départ

Au Japon comme aux États-Unis, l'histoire de la qualité est marquée par le passage tout d'abord du contrôle qualité à l'assurance qualité, puis du zéro défaut à la qualité totale. Les trois plus grands noms à qui l'on doit l'évolution de la qualité à travers leurs définitions de la qualité sont : Juran (1974), Feigenbaum (1976) et Crosby (1979). Le premier considère la qualité comme l'aptitude à l'utilisation (fitness for use). Pour le deuxième, la qualité signifie la conformité aux spécifications. Le troisième qualifie la qualité de ce qui est le meilleur pour certaines conditions du consommateur. Ces conditions sont l'usage réel et le prix de vente du produit. Cette histoire de la qualité est marquée par la création de Prix d'excellence, qui sont vécus au Japon dans le consensus, et aux États-Unis dans la compétition (Boss, 1993).

L'incitation par les Prix

Les prix Deming ont été institués en 1951, immédiatement après les conférences du Dr. Edward Deming sur le contrôle de la qualité au Japon. La JUSE (Japanese Union of Scientists and Engineers) les avait financés par les droits d'auteur des textes de ses conférences. Il existe deux Prix Deming. L'un est attribué aux individus qui ont contribué au développement et à la dissémination des théories relatives au contrôle statistique de la qualité. L'autre est accordé aux entreprises dont la performance est remarquable dans ce domaine.

En plus du Prix Deming au Japon, un certain nombre de prix récompensent régulièrement les entreprises excellentes, et contribuent à la mobilisation en faveur de la satisfaction. Parmi ces prix les plus connus sont : le Prix National de la Qualité Malcolm Baldridge aux États-Unis, et le Prix Européen de la Qualité. Pour ce qui est du Prix français de la qualité, il a été créé en 1992[12] ; il est organisé par le ministère de l'Industrie et du Commerce Extérieur. Inspiré de l'expérience du Baldridge et de l'EFQM, il s'appuie sur des critères des huit thèmes suivants : le management et rôle moteur de la direction, la politique qualité de l'entreprise, le système qualité, l'utilisation d'indicateurs et de mesures, les actions d'amélioration, la participation du personnel, la satisfaction des clients et l'influence sur le résultat. Le premier trophée du Prix Français de la Qualité a été remis à l'entreprise « Spirotechnique » (fabriquant de matériel de plongée sous-marine) en 1993. Notons que le prix anglais date de 1984.

---

[12] Pour en savoir plus, cf.; MFQ (Mouvement Français pour la qualité)-5 Esplanade Charles de Gaulle-92733 Nanterre Cedex fax : 47 25 32 21.

Services et satisfaction du client

Vu les spécificités des services, notamment l'absence de critères tangibles et la difficulté à cerner les critères du client, l'évaluation de la qualité des services s'avère plus délicate que celle des produits. Ceci nous amène à nous interroger sur la façon avec laquelle on pourrait la mesurer. La qualité des services relève surtout de la perception qu'en ont les utilisateurs, puisque le client devient la préoccupation prioritaire. Ainsi, la mesure psychologique de la perception et de l'évaluation du service par son consommateur est sans doute plus proche de ce qu'est la qualité pour lui, et doit donc être préférée. Il est donc plus logique, et plus efficace de mesurer la qualité de services par la satisfaction qu'elle entraîne, ce qui relève de l'état d'esprit du Marketing[13].

Les origines du concept de la satisfaction maintenant délimitées, il nous parait nécessaire de mettre en lumière les différents courants qui ont cherché à définir ce concept clé du marketing relationnel.

La satisfaction client : Définitions

Le terme satisfaction a une origine latine : satis (assez) et facere (faire) ; c'est-à-dire « fournir ce qui est recherché jusqu'au point où c'est assez » (Vanhamme, 2002). Une revue de la littérature sur la satisfaction fait apparaître l'absence d'un consensus entre les chercheurs en ce qui concerne la définition de ce concept[14].

La satisfaction : une cognition

La première définition de la satisfaction client a vu le jour grâce aux travaux de Cardozo (1965) qui perçoit ce construit comme suit : « La satisfaction du consommateur peut dépendre non seulement du produit lui-même, mais

---

[13] cf. Numéro spécial de la Revue Française du Marketing sur le Marketing des services, n° 121, 1989/1, dirigé par Monique Lejeune.

[14] Les différentes définitions attribuées à la satisfaction sont résumées dans le tableau 1.

aussi de l'expérience comprenant l'acquisition du produit. La satisfaction du consommateur est probablement plus un concept global qu'une simple évaluation virtuelle du produit ». Pour cet auteur, la satisfaction ne se limite pas à être la simple évaluation du produit, mais elle dépend des attentes du consommateur (Audrain, Evrard, 2001). En effet, en s'intéressant au processus de formation de la satisfaction, il considère que les attentes servent de « guidelines » au consommateur lors de ce processus.

La conceptualisation de la satisfaction comme étant un construit cognitif qui découle d'un processus d'évaluation a donné lieu à plusieurs définitions. Néanmoins, la définition qui est largement citée dans la littérature est celle de Howard et Sheth (1969) « l'état cognitif d'être convenablement ou non récompensé lors d'une situation d'achat pour les sacrifices encourus». Pfaff (1977) souligne que dans le modèle cognitif, le consommateur perçoit tout le domaine cognitif associé au service et identifie un certain nombre d'attributs qui serviront de critères dans l'évaluation de la satisfaction. Pour Ngobo (1997), la satisfaction cognitive est fondée sur une évaluation plus logique et rationnelle de l'expérience de consommation. C'est une évaluation qui ne repose pas sur des jugements émotionnels mais plutôt sur des évaluations des résultats de l'achat, une interprétation cognitive de l'expérience de consommation (Oliver, 1997). Selon Oliver (1981), la satisfaction est « ce qui résulte d'une comparaison subjective du produit attendu et reçu ». Kotler et Dubois (1993), font constater que la satisfaction peut être définie comme étant l'état d'un client résultant d'un jugement comparant les performances d'un produit au niveau de ses attentes. Elle est donc fonction d'une différence qui fait apparaître trois situations : un mécontentement (si les performances sont en deçà des attentes), une satisfaction (quand les performances sont égales aux attentes) et un enthousiasme (lorsque les performances sont au-delà des attentes). Les différentes définitions, qui postulent que la satisfaction émane d'un processus comparatif, ont servi de point de départ au paradigme de la disconfirmation des attentes (Audrain, Evrard, 2001).

La satisfaction : affect ou émotion ?

Le rôle joué par les affects et émotions dans les processus de consommation et de post-consommation est important (Filser, 1996). Selon

Audrain et Evrard (2001), cette intégration des affects et des émotions a influencé la perception de la satisfaction. Cependant, les deux concepts sont confondus dans la littérature sur le comportement du consommateur. Ces deux auteurs notent qu'il faut distinguer entre ces deux construits, en considérant le terme affects comme étant « un terme générique désignant les émotions, les humeurs, les sentiments, les pulsions, les attitudes, les préférences et les évaluations».

La satisfaction affective

Il s'agit de l'évaluation émotionnelle globale de l'expérience de consommation, et plus précisément des sentiments positifs engendrés par cette expérience de consommation. Le consommateur aura le sentiment de satisfaction lorsque l'expérience lui offre ce qu'il aime et désire, et engendre certaines émotions positives (Ngobo, 1997). Anderson et Mittal (1998) parlent de « satisfaction rehaussée » (enhanced satisfaction), qui intervient dans le cas où le client se concentre, lors de son évaluation, sur le nombre de fois qu'il a été heureux/malheureux, dégoûté/enchanté par le produit ou service. Dans ce cas, c'est l'enchantement qui intéresse le client. Par opposition à la satisfaction cognitive, il apparaît donc plus difficile d'accéder à la satisfaction affective.

Oliver (1989) a proposé une classification en cinq catégories des réactions affectives liées à la satisfaction. Ce sont des modalités alternatives qui peuvent survenir selon les caractéristiques du consommateur, du produit ou de la satisfaction du consommateur.

- Le contentement (*Contentment*): c'est l'absence de dissatisfaction et se produit en situation de faible implication.
- Le plaisir (*pleasure*): résultat d'une réaction principalement affective à l'acquisition du produit.
- Le soulagement (*Relief*) : qui se produit quand on évite, ou on élimine un état négatif (ex : cas du médicament), cette catégorie appartient comme la précédente à la classe plus générale de « satisfaction de renforcement ».
- La nouveauté (*Novelty*) : correspond à des produits ou situations où le consommateur cherche délibérément à être confronté à une expérience nouvelle (par exemple, la recherche de variété en

essayant un produit, ou un spectacle comme un film policier dont on ne veut rien savoir avant d'y assister).

- La surprise : elle appartient comme la catégorie précédente, à la classe de l'inattendu (unexpectedness), mais s'en distingue par le fait qu'elle se produit sans que le consommateur ne s'y attende ou ne la recherche.

La satisfaction en tant qu'émotion

Dans ce courant la satisfaction est considérée comme une émotion pure. En effet, Westbrook (1983) la définit comme une réponse émotionnelle. Selon Day (1983), la satisfaction peut être définie comme étant une réponse émotionnelle qui se manifeste dans des sentiments et qui serait ainsi, de manière conceptuelle, distincte des réponses cognitives. Dans le même sens, Arnould et Price (1993), perçoivent la satisfaction comme un construit purement émotionnel, qui ne peut être rendu par les conceptualisations cognitives telles que le modèle de la disconfirmation des attentes. Ces auteurs soulignent qu'il est nécessaire de développer des méthodes spécifiques pour appréhender la réalité affective de ce concept. Selon Bagozzi, Gopinath et Nyer (1999) la satisfaction est une émotion parmi d'autres distincte de tout processus cognitif. L'absence d'une validité discriminante entre les mesures de la satisfaction et les émotions a été mise en évidence par plusieurs chercheurs. En effet, Babin et al., (1994a), constatent qu'il n'existe pas de différence entre les mesures des émotions positives et la satisfaction.

La satisfaction : résultat d'un processus affectif et cognitif

Si les deux premiers courants sont extrêmes dans la conceptualisation de la satisfaction, un troisième courant vient les concilier en considérant la satisfaction comme le résultat de deux processus (cognitif, affectif) qui peuvent interagir. L'intégration des états affectifs a permis d'améliorer de manière significative l'explication de la satisfaction. Ceci a conduit par conséquent plusieurs chercheurs à se pencher sur l'étude des deux dimensions cognitive et affective de la satisfaction. Pfaff (1977) souligne que dans le modèle affectif de la satisfaction, le consommateur se base sur ces attributs rationnels mais aussi sur des éléments subjectifs comme les sentiments et les aspirations. Dans le même ordre d'idées, Yi (1990) souligne que bien que la satisfaction contienne une dimension cognitive (la notion d'évaluation lui est intimement mêlée), ce construit contient probablement des aspects affectifs qui nécessitent des recherches futures. Pour Westbrook et Reilly (1983), la conceptualisation de la satisfaction demande à s'intéresser aux relations entre cognition, évaluation et émotion. Ainsi, en s'inspirant du domaine de la psychologie, ils suggèrent que la satisfaction (insatisfaction) du client soit l'état émotionnel résultant de l'appréciation d'un produit, service correspondant (ou non) à ses valeurs. Wirtz et Bateson (1992) ont attiré l'attention sur le besoin d'inclure, dans la conception cognitive de la satisfaction du client, les composantes affectives développées dans les théories du marketing des services et psychologique. Les résultats de l'étude d'Oliver (1993) montrent que la satisfaction pour des voitures résulte d'une part des affects positifs (la joie et l'intérêt) et négatifs (qui agissent par un phénomène d'attribution), d'autre part de la disconfirmation des attentes.

Les processus cognitifs et affectifs sont difficiles à séparer puisque la réponse affective à un stimulus dépend de la façon dont celui-ci est perçu (Wirtz, 1994). Dans son étude effectuée dans le contexte des médias, Evrard (1989) montre que le chemin affectif l'emporte sur le chemin cognitif. Llosa (1996) insiste sur le fait que la satisfaction possède deux facettes principales, chacune étant influencée par l'autre. Le schéma suivant montre les deux dimensions cognitive et affective de la satisfaction.

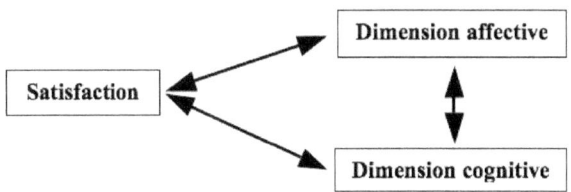

Schéma 1 : Les dimensions de la satisfaction (source : Llosa, 1996)

Pour Oliver (1997), la satisfaction est une évaluation relative subséquente aux affects et cognitions post- consommatoires. Plichon (1998), définit la satisfaction comme étant « …un état affectif provenant d'un processus d'évaluation affectif et cognitif qui survient lors d'une transaction spécifique». Aurier et Everard (1998) considèrent que la satisfaction est un phénomène non directement observable, qui doit être distingué de ses conséquences comportementales telles que le réachat, le bouche à oreille ou les réclamations. La satisfaction, comme on peut le constater à travers certaines définitions (Westbrook et Oliver, 1991) n'est ni une émotion pure, ni une évaluation cognitive pure, elle intègre des processus à la fois cognitifs et affectifs. Si la dimension cognitive a été démontrée à travers le paradigme de non-confirmation des attentes (disconfirmation) (Oliver, Rust et Varki, 1997), plusieurs études (Llosa, 1996) ont prouvé empiriquement l'existence d'une dimension affective de la satisfaction. La conception de la satisfaction dans ce courant semble être plus complète puisqu'elle intègre à la fois les dimensions affectives et cognitives de la satisfaction, elle représente donc une synthèse des deux points de vue extrêmes des autres courants. En générale, elle y est considérée comme un jugement évaluatif portant sur une expérience résultant de processus cognitifs et intégrant des éléments affectifs (l'évaluation d'une émotion, et non de l'émotion elle-même). Néanmoins, ni le lien entre les deux aspects cognitif et affectif de la satisfaction, ni l'ordre de la séquence entre ces deux variables ne font l'unanimité des chercheurs dans le domaine du comportement du consommateur. Cette nature duale de la satisfaction trouve un écho plus particulier dans le champ des services du fait de sa nature expérientielle qui ne peut être capturée qu'en introduisant les dimensions affectives et a fortiori dans le champ des services liés aux loisirs ou à la culture (Collin-Lachaud, 2003).

La satisfaction : perspective transactionnelle ou relationnelle

La satisfaction peut être appréhendée dans une perspective transactionnelle ou relationnelle. La première analyse la satisfaction par rapport à une transaction spécifique, alors que la deuxième traite la satisfaction à un niveau global, cumulé, c'est-à-dire par rapport à plusieurs expériences dans le temps.

La satisfaction transactionnelle

Sur un plan transactionnel, la satisfaction est analysée pour un achat donné, ou pour une expérience particulière. Ngobo (1997) souligne que dans ce cas la satisfaction représente les sentiments du client suite à une expérience particulière. Il donne l'exemple de la satisfaction d'un client après un vol avec une compagnie aérienne. Selon Anderson et Narus (1990), la perspective transactionnelle de la satisfaction étudie les états affectifs et émotionnels associés à une transaction/expérience particulière de consommation de service.

Dans l'objectif de mieux cerner la satisfaction transactionnelle, plusieurs modèles ont été développés par les chercheurs. Chacun de ces modèles a proposé une définition de la satisfaction transactionnelle qui lui est propre. La définition la plus citée dans la littérature est celle proposée par le modèle de disconfirmation des attentes qui définit la satisfaction comme « une réponse à un processus de comparaison entre les attentes et la performance perçue » (Oliver 1980). Ce dernier constitue le modèle conceptuel de référence de formation de la satisfaction.

La satisfaction relationnelle

La satisfaction peut également être conceptualisée d'un point de vue global, cumulé ou relationnel. Elle est ainsi définie par plusieurs chercheurs comme étant une évaluation cumulée. Anderson, Fornell et Narus (1994) définissent la satisfaction globale comme étant une évaluation générale de l'expérience totale d'achat et de consommation d'un produit ou service au cours du temps. Pour Fornell, (1998) la satisfaction est une évaluation globale basée sur une série d'expériences de consommation avec un bien ou service dans le temps. Il s'agit de l'ensemble des « satisfactions » connues jusqu'à une date donnée (Johnson, 1998). La perspective relationnelle de la satisfaction la traite à un niveau global relatif à toutes les expériences, et la définit comme étant « une évaluation globale et continue de l'aptitude de l'entreprise ou de la marque à fournir des bénéfices recherchés par le client » (Ngobo, 1997). La satisfaction est ainsi considérée selon cet auteur comme une évaluation continue de l'aptitude de la marque ou de l'entreprise à délivrer les avantages recherchés par le consommateur.

Nous avons essayé de regrouper quelques définitions de la satisfaction client dans le tableau ci-dessous.

Auteur	Définition
Howard et Sheth (1969)	«State of being adequately or inadequately rewarded in a buying situation for the sacrifice undergone». «l'état cognitif ou (L'impression) d'être convenablement ou non récompensé pour les sacrifices encourus lors d'une situation d'achat».
Pfaff (1977)	« Il existe deux modèles pour décrire la satisfaction : cognitif et affectif. Dans le modèle cognitif, le consommateur perçoit tout le domaine cognitif associé au service et identifie un certain nombre d'attributs qui serviront de critères dans l'évaluation de la satisfaction. Dans le modèle affectif, le consommateur se base sur ces attributs rationnels mais aussi sur des éléments subjectifs comme les sentiments et les aspirations. »
Hunt (1977)	«The evaluation on rendered that the experience was at least as good as it was supposed to be ». «Un client est satisfait si son évaluation lui démontre que l'expérience a été au moins aussi bonne qu'elle était censée être».
Westbrook (1980)	«Consumer satisfaction with a retail establishment may be viewed as an individual's emotional reaction to his or her evaluation of the total set of experiences realised from patronising the retailer»
Westbrook (1980)	«Consumer satisfaction with a product refers to the favourability of the individual's subjective evaluation of the various outcomes and experiences associated with using or consuming it »
Oliver (1981)	« In essence, it is a summary psychological state resulting when the emotion surrounding disconfirmed expectations is coupled with the consumer's prior feeling about the consumption experience ».
Churchill et surprenant (1982)	«Conceptually satisfaction is an outcome of purchase and use resulting from the buyer's comparison of the rewards and costs of the purchase in relation to anticipated purchases».
Woodruff, Cadotte et Jenkins, (1983)	«Consumer satisfaction/dissatisfaction is an emotional feeling in response to confirmation/disconfirmation».
Smith et Houston (1983)	« La satisfaction est le degré auquel les attentes sont confirmées au moment de l'utilisation du service. »
Dufer et Moulin, (1989)	«La satisfaction est un état interne qui accompagne la confirmation des aspirations relatives au projet de consommation, celles-ci intégrant les attentes développées au sujet des produits et les normes de performance attaché à la classe dont il relève».
P.Kotler et B.Dubois (1993)	« La satisfaction peut être définit comme étant l'état d'un client résultant d'un jugement comparant les performances d'un produit au niveau de ses attentes. Elle est donc fonction d'une différence qui fait apparaître trois situations : -Un mécontentement : si les performances sont en deçà des attentes. -Une satisfaction : quand les performances sont égales aux attentes. -Un enthousiasme : lorsque les performances sont au delà des attentes. »

Auteur	Définition
Aurier et Everard, (1993)	«Un état psychologique résultant d'un processus d'achat et de consommation».
Anderson, Fornell et Lehmann, (1994)	«Cumulative satisfaction is an overall evaluation based on the total purchase and consumption experience with a good or a service over time ».
Ostrom et Iacobucci, (1995)	«Customer satisfaction/dissatisfaction is thought to be a relative judgement that takes into consideration both the qualities and the efforts borne by a customer to obtain that purchase».
Bloemer et Kasper, (1995)	«Satisfaction can be defined as the outcome of the subjective evaluation that the chosen alternative meets or exceeds the expectations »
Oliver (1997)	«Satisfaction is the consumer's fulfilement response. It is a judgement that a product or service feature, or the product or service itself, provided (is providing) apleasurable level of consumption-related fulfilment, including levels of under or overfulfilment» «Un état psychologique résultant du processus d'achat et de consommation».
Chumpitaz, (1998)	«Satisfaction is a postchoice evaluative judgement concerning a specific purchase selection ».
Dictionnaire de la communication (1998) p.447.	« Désigne l'accomplissement du besoin ; son résultat. Suppression du stimulus à l'origine du besoin par un procédé bienfaisant. »
Plichon, (1998)	«La satisfaction est un état affectif provenant d'un processus d'évaluation affectif et cognitif qui survient lors d'une transaction spécifique».
L'AFNOR (Source : ISO/DIS 9000, mars 1999).	«L'opinion d'un client résultant de l'écart entre sa perception du produit ou service consommé et ses attentes».
Mercator, Lexique indexé, P : 732, (2000).	«La satisfaction est un état psychologique après l'achat et la consommation d'un produit (ou service), qui se traduit par un sentiment fugace résultant de la différence entre les attentes du consommateur et les performances perçues. La satisfaction dépend également de l'attitude préalable envers la marque et le produit».
Vanhamme (2001)	Le terme satisfaction a une origine latine : satis (assez) et facere (faire) ; c'est-à-dire « fournir ce qui est recherché jusqu'au point où c'est assez ».

Auteur	Définition
Le nouveau Petit Robert (2002)	«C'est un sentiment de bien être, plaisir qui résulte de l'accomplissement de ce qu'on attend, désire, ou simplement d'une chose souhaitable: contentement, joie, plaisir».
Le Petit Larousse (2003)	Contentement, plaisir qui résulte de l'accomplissement de ce qu'on attend, de ce qu'on désire.

Tableau 1 : définitions de la satisfaction client

La satisfaction a fait l'objet de plusieurs conceptualisations, ce qui a donné lieu à différentes typologies. Etant donné la diversité des définitions de la satisfaction, la classification de celles-ci est problématique, et plusieurs typologies ont été proposées par les chercheurs.

Typologies de la satisfaction

Evrard (1993) propose une classification en deux catégories. La première englobe les définitions caractérisant la satisfaction comme le résultat d'un processus (l'expérience de satisfaction). La seconde renferme les définitions qui intègrent tout ou partie de ce processus (caractère comparatif)[15]. Il est à noter que les chercheurs s'intéressent beaucoup plus à la première famille dans la mesure où la deuxième est contingente à certaines théories explicatives de la formation de la satisfaction. Hunt (1977) suggère une autre classification en distinguant entre l'expérience elle-même et la confrontation de l'expérience avec les attentes.

Oliver (1997) propose une typologie de la satisfaction, qu'on peut distinguer selon un niveau horizontal qui correspond au stade de l'expérience de consommation/achat sur lequel porte le jugement de satisfaction et un

---

[15] Dans ce cadre, Evrard (1993) fournit la définition suivante : « *La satisfaction correspondrait à un état psychologique, postérieur à l'achat et relatif* ».

niveau vertical – qui représente le degré d'agrégation des expériences d'achat /consommation (voir schéma 2).

Le niveau horizontal

Le niveau horizontal correspond au stade de l'expérience de consommation /achat sur lequel porte le jugement de satisfaction. D'après Oliver (1997), la satisfaction du consommateur peut porter sur le résultat final de l'expérience de consommation/achat (ex : satisfaction spécifique à la transaction), sur les différents éléments impliqués dans la production ou fourniture du produit/service (la satisfaction vis-à-vis de l'accueil d'une vendeuse ou du bruit dans le magasin), ainsi que sur la satisfaction retirée de l'expérience (autrement dit la satisfaction par rapport au niveau de satisfaction suscité par l'expérience d'achat/consommation). Cette distinction horizontale de la satisfaction est représentée dans le schéma suivant :

Expérience complète de consommation ou achat

| Satisfaction par rapport aux éléments s'étant produits lors de l'expérience de consommation ou d'achat. | Satisfaction par rapport au résultat final (c'est-à-dire l'achat et ou l'expérience avec le produit ou service)

SATISFACTION DU CONSOMMATEUR SPECIFIQUE A LA TRANSACTION | Satisfaction par rapport au niveau de satisfaction obtenu. |

Schéma 2 : Distinction horizontale (Source : adapté d'Oliver, 1997)

Le niveau vertical

Le niveau vertical représente le degré d'agrégation des expériences d'achat /consommation. Anderson et Fornell (1994) et Oliver (1997) distinguent quatre sous-groupes de ce niveau : la satisfaction spécifique à la transaction, la satisfaction vis-à-vis de la marque, la satisfaction microéconomique, la satisfaction cumulée de tous les consommateurs d'un secteur et la satisfaction macro-économique.

La satisfaction spécifique à la transaction

Elle résulte de l'évaluation d'une expérience d'achat /consommation d'un consommateur. Il s'agit de la satisfaction transactionnelle qui a fait l'objet de développement lors de la distinction entre la satisfaction transactionnelle et relationnelle.

La satisfaction vis-à-vis de la marque

C'est une évaluation de synthèse portée par un consommateur sur plusieurs occurrences du même type d'expérience, elle est considérée comme une satisfaction cumulée, de long terme, ou relationnelle (Oliver, 1997 ; Audrain et Everard, 2001).

La satisfaction microéconomique

C'est la satisfaction cumulée de tous les clients d'une entreprise, qui décrit l'expérience totale des clients avec le produit ou l'entreprise. Fornell (1992) fait constater que dans ce cas, la satisfaction est analysée au plan agrégé d'une entreprise. Selon Anderson (1993), quatre raisons expliquent l'importance de l'étude de la satisfaction au niveau agrégé :

- D'abord, la mesure agrégée permet d'estimer la valeur des clients actuels de l'entreprise. Elle offre une indication des ventes futures puisque les clients satisfaits sont susceptibles de réacheter les produits de l'entreprise. Elle permet de suivre l'évolution de la satisfaction de tous les clients de l'entreprise dans le temps. En effet, elle est considérée comme un baromètre de la santé économique à long terme de l'entreprise.

- Ensuite, en permettant l'identification des attributs du produit ou service qui sont à la base de la satisfaction des clients, et par conséquent de la rentabilité interne, la mesure agrégée offre la possibilité à l'entreprise d'une meilleure allocation des ressources. L'entreprise peut ainsi identifier les domaines où elle est performante et ceux qui sont prioritaires. La valeur de l'entreprise par rapport à ses concurrents peut être appréhendée en fonction de l'indice de satisfaction dans le temps. Ainsi, l'entreprise peut analyser ses forces et faiblesses par rapport aux concurrents.

- Puis, La mesure agrégée permet aux actionnaires d'examiner la valeur future d'une entreprise. En effet, elle fournit aux actionnaires une information que l'on ne peut pas retrouver dans les documents comptables ou dans le cours de l'action.

- Enfin, elle permet « d'indicer » les incitations aux employés à la satisfaction des clients. Cela permet ainsi de placer le système de rémunération dans une perspective de long terme et de focaliser les incitations sur les aspects qui contribuent à la valeur de la firme (Ngobo, 1997).

La satisfaction au niveau de l'entreprise peut aussi faire l'objet d'études dans une perspective dynamique. Cette approche est très intéressante pour les managers puisqu'elle leur permet d'évaluer les forces et faiblesses de leurs choix stratégiques (Ngobo, 1997).

a. La satisfaction cumulée de tous les consommateurs d'un secteur ou d'une industrie

L'analyse de la satisfaction ne s'arrête pas au niveau micro-économique, elle peut aussi être effectuée au niveau de tous les consommateurs d'un secteur. Dans ce cas, la satisfaction est considérée comme un « baromètre de satisfaction sectoriel ». Son étude peut avoir plusieurs implications (Anderson, 1993). En effet, elle permet de comparer les industries entre elles et dans le temps, et par conséquent de comparer la performance des monopoles par rapport aux entreprises du secteur concurrentiel. Ainsi, toute industrie n'offrant pas les produits et services de qualité suffisante pourrait attirer l'attention des pouvoirs publics. Le rôle de distributeur de l'État serait donc facilité (Ngobo, 1997). L'analyse de la satisfaction des consommateurs d'un secteur peut aussi être réalisée dans une perspective statique ou dynamique.

b. La satisfaction macro-économique

Ce concept concerne la satisfaction cumulée des consommateurs d'une culture/société. C'est ce qu'on appelle aussi la satisfaction d'une nation. Elle représente le bien-être d'une société par rapport aux produits et services consommés. La mesure de ce type de satisfaction à travers des indices nationaux, tel le baromètre suédois et l'indice américain de la satisfaction, permet aux pouvoirs publics une meilleure collecte et redistribution des ressources en fonction du bien-être des membres de la société. De tels indices complètent les indices traditionnels des prix et de la productivité, qui ne fournissent pas d'informations relatives à la qualité des biens et services (Anderson, 1993). Ce type d'indices offre la possibilité de comparer plusieurs nations dans des ensembles économiques donnés.

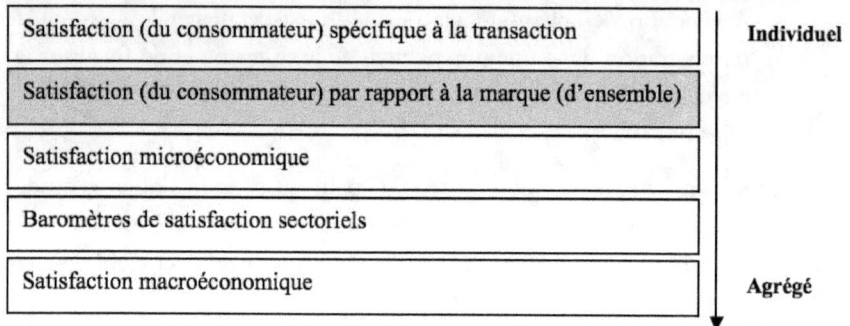

Schéma 3 : Distinction verticale (Source : adapté d'Oliver, 1997)

Les déterminants de la satisfaction client : Modèles et approches théoriques

Le paradigme de la disconfirmation

Le modèle de la « disconfirmation » ou de non-confirmation des attentes est considéré, depuis l'article fondateur d'Oliver (1980), comme étant le modèle conceptuel de référence de la formation de la satisfaction. Dans son article Oliver apporte une clarification conceptuelle sur la satisfaction et étudie les antécédents et conséquences de la non-confirmation des attentes. Ce modèle décrit la formation de la satisfaction comme un processus comparatif incluant quatre construits principaux (voir Schéma 4).

Le client compare ses attentes à la performance du produit ou service. Si les attentes sont identiques à la performance perçue, la satisfaction du client sera modérée (confirmation des attentes). Si les attentes sont supérieures à la performance, le client sera insatisfait. Tandis que si les attentes sont inférieures à la performance, le client sera satisfait et parfois même enchanté.

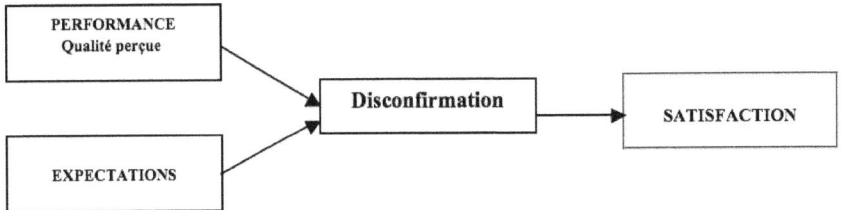

Schéma 4 : modèle de *disconfirmation* des attentes (Source: Oliver, 1980)

La théorie de l'équité

Etendue au champ de la satisfaction des consommateurs par Oliver et Swam (1989), la théorie de l'équité postule que le client compare son propre ratio performance/coûts à la vision qu'il a de celui du fournisseur, le jugement du client peut donner lieu à trois situations possibles :

- Il se sentira « convenablement traité », si les deux ratios sont équitables. Dans ce cas la transaction est jugée équitable (*fairness*).
- Il se sentira non « convenablement traité », et sera mécontent, s'il juge que le ratio du fournisseur est plus favorable que le sien.
- Il se sentira « particulièrement traité », s'il juge que le ratio du fournisseur est plus favorable pour lui. Dans ce cas le consommateur a le sentiment d'avoir fait l'objet d'un traitement préférentiel (*preference*).

Le modèle d'attribution

Pour Bitner (1990), les attributions correspondent à ce que les gens perçoivent comme la cause de leur propre comportement, du comportement des autres, ou des évènements qu'ils observent. La théorie de l'attribution identifie trois dimensions binaires conduisant à huit catégories (Folkes, 1988) :

- La source « locus of control » ou le lieu de causalité (source interne versus source externe de la cause de ce résultat), cette dimension détermine l'attribution de la responsabilité du résultat, c'est-à-dire si la cause provient du consommateur (cause interne) ou du commerçant, du produit, etc. (cause externe). C'est la dimension dominante en Marketing.

- La stabilité (la variabilité) de la cause : cette dimension porte sur le caractère temporaire ou permanent des causes de l'événement, elle informe le consommateur quant à la possibilité que le même évènement se reproduise.

- La contrôlabilité de la cause : elle spécifie si les causes sont volontaires, ce qui veut dire qu'à la base il y a un choix à faire ; ou involontaires : il n'y a que des contraintes, il n'y a pas de choix. Les consommateurs ont souvent un contrôle faible lorsque les causes sont externes et un contrôle élevé lorsqu'elles sont internes, c'est pourquoi cette dimension est généralement liée à la dimension lieu de contrôle.

Le cadre cognitif vs affectif

L'approche cognitive vs affective de la satisfaction a déjà été développée dans la partie « définition de la satisfaction ». En résumé, selon Pfaff (1977), il existe deux modèles (cognitif et affectif) pour décrire la satisfaction :

- Dans le modèle cognitif, le consommateur perçoit tout le domaine cognitif associé au service et identifie un certain nombre d'attributs qui serviront de critères dans l'évaluation de la satisfaction.

- Dans le modèle affectif, le consommateur se base sur ces attributs rationnels mais aussi sur des éléments subjectifs comme les sentiments et les aspirations.

La perspective situationnelle

Cette perspective considère que la satisfaction dépend aussi d'autres facteurs externes comme les contraintes budgétaires, étant donné que certaines personnes ne peuvent acheter que ce qui est abordable. Les « externalities » peuvent être d'autres facteurs comme : les interactions, le temps d'attente ou les humeurs. Selon Liechty et Churchill (1979), la « perspective situationnelle » de la satisfaction peut être une médiatrice entre les attentes et les évaluations, particulièrement concernant les situations d'utilisation des services quand le processus d'achat est généralement plus long et l'engagement psychologique du consommateur est plus grand.

Selon Bahia, Paulin et Perrien (2000), les cinq modèles de satisfaction présentés ci-dessus sont complémentaires : le paradigme de la disconfirmation, le cadre cognitif vs affectif, la théorie de l'équité, le modèle d'attribution et la perspective situationnelle. En réconciliant ces cinq modèles, nous pouvons avoir une compréhension exhaustive de ce phénomène.

Conclusion

Au terme de ce chapitre, il s'avère que le concept de satisfaction client est complexe et admet une étendue multidimensionnelle. En effet, plusieurs définitions, typologies, modèles et approches ont été proposés sans aboutir à un consensus. Cet engouement sur ce concept peut être expliqué d'une part par le changement du contexte marketing, qui est passé du marketing transactionnel au marketing relationnel. D'autres parts, par le changement du client et l'évolution de son comportement. En effet, confronté à une offre diversifiée, le client est en quête de prix bas, il devient expert et exigeant et de plus en plus résistant vis-à-vis du marketing. Le client d'aujourd'hui devient un client caméléon et *consommacteur* difficile à fidéliser. Ainsi, face à une concurrence rude et à la difficulté de se différencier, la satisfaction client peut donc constituer un moyen de différenciation vis-à-vis des concurrents. Cette concurrence se trouve intensifiée par l'arrivée de nouveaux entrants notamment les « *pure players* ».

De ce fait, on peut dire que satisfaire ses clients est incontournable dans le monde d'aujourd'hui. Cette satisfaction procure plusieurs avantages pour l'entreprise ou la marque. En effet, elle constitue un élément clés pour établir une relation fructueuse et à long terme avec le client et atteindre par conséquent un objectif stratégique pour les entreprises aujourd'hui. En effet, conquérir de nouveaux clients est problématique et coûteux surtout avec la maturité de nombreux marchés. Aussi, la satisfaction client se traduit par un bouche à oreilles et du « buzz » positif. Elle est donc d'autant plus importante surtout avec l'arrivée du web 2.0 et l'utilisation répandue des réseaux sociaux par les consommateurs, pour diffuser et partager les informations sur les marques. En effet, ces dernières risquent un « buzz » négatif, à travers les forums et les avis clients, dans le cas où le client est insatisfait et des conséquences dramatiques difficiles à contrôler. En outre, elle constitue un bouclier vis-à-vis de la compétition-prix avec la concurrence puisqu'elle peut réduire la sensibilité de ce dernier au prix. Enfin, elle entraine une fréquence d'achat élevée ce qui se traduit par plus de part de marché pour l'entreprise.

Au vu de tous ces éléments, la satisfaction constitue donc un prérequis de l'établissement d'une relation à long terme avec le client et par conséquent à la croissance et à la survie de l'entreprise. De ce fait, il apparaît évident que la satisfaction client devient une exigence pour les entreprises aujourd'hui. Ces dernières n'ont plus d'autres choix que de chercher tous les moyens possibles pour innover dans la satisfaction de leurs clients.

Bibliographie

Anderson E. Narus J.A. (1990), A model of distributor firm and manufacturer firm working partnerships, Journal of Marketing, 54, 1, 42-58.

Anderson E.W. Fornell C. (1994), Customer satisfaction prospectus, service quality, new directions in theory and practice, Eds R. T. Rust et R.L. Oliver., Londres , Sage, 241-268.

Arnould E.J. Price L.P. (1993), River magic: extraordinary experience and the extended service encounter, Journal of Consumer Research, 20, June, 24-45.

Audrain A.F. Evrard Y. (2001), Satisfaction des consommateurs : Précisions conceptuelles, Actes du 17ème congrès de l'Association Française du Marketing, Deauville, 1-23.

Aurier P. Evrard Y. (1998), Elaboration et validation d'une échelle de mesure de la satisfaction des consommateurs, 14ème Congrès International de l'Association Française du Marketing, 51-71.

Aurier P. Evrard Y. N'Goala G. (1998), La valeur du produit du point de vue du consommateur, valeur marché et organisation, Actes des 15 èmes Journées Nationales des I.A.E Nantes, tome 1, 199-212.

Bagozzi R.P. Gopinath M. Nyer P.U. (1999), The role of emotions in marketing, Journal of the Academy of Marketing Science, 27,2, 184-206.

Bahia K. Paulin M. Perrien J. (2000), Reconciliating literature about client satisfaction and perceived services quality », Journal of Professional Services Marketing, 21, 2.

Bitner M.J. (1990), Evaluating Service Encounter: the effects of Physical Surroundings and employee Responses, Journal of Marketing, 54, April, 69-82.

Cardozo R.N. (1965), An experimental study of customer effort, expectation and satisfaction, Journal of Marketing Research, 2, 3, 244-249.

Collin - Lachaud I. (2003), Approche dynamique du lien satisfaction - fidélité dans le champs culturel- l'exemple des festivals de musique Rock, Thèse de Doctorat en sciences de gestion, I.A.E de Tours , I.U.T de La Rochelle.

Crosby, P.B. (1979), Qualify is free. New York: New American Library.

Day R.L. (1990), How satisfactory is research on customer satisfaction?, Advances in Consumer Research, 7, 593-597.

Evrard Y. (1989), From involvement to satisfaction in media consumption, Journal of Consumer Satisfaction, dissatisfaction and complaining behaviour, 2, 70-74.

Evrard Y. (1993), La satisfaction des consommateurs: état des recherches, Revue Française du Marketing, 144-145, 4-5, 53-65.

Feigenbaum, A. V. (1983) Total quality control: Engineering and management. New York: McGraw-Hill.

Feigenbaum, D. S. (1976), Return to control. Quality Progress , 9(5), 18-21.

Filser M. (1994), Le comportement du consommateur, Paris, Précis Dalloz, 425 p.

Fornell C. (1992), A National Customer Satisfaction Barometer: The Swedish experience, Journal of Marketing, 56, 1, 6-21.

Fornell C. Johnson M.D. Anderson E. W. Cha J. et Bryant B.E. (1996), The american customer satisfaction index : nature, purpose and findings, Journal of Marketing, 60, 4, 7-18.

Hesket J.L et al. (1994), Putting the service-profit chain to work, Harvard Business Review, March-April, 164-174.

Howard J.A. et J.N. Sheth. (1969), The theory of buyer behavior. New York, USA: Wiley.

Hunt H.K. (1977). « Cs/D-Overview and Future Directions ». In Conceptualization and Measurement of Consumer Satisfaction and Dissatisfaction. Éd. H.K. Hunt. Cambridge, Massachusetts: Marketing Science Institute, 455-488.

Johnson M.D. (1995), The four faces of aggregation in customer satisfaction research, Advances in Consumer Research, 22.

Johnson M.D. Nader G. Fornell C. (1996), Expectations, perceived performance, and customer satisfaction for a complex service: the case of Bank Loans, Journal of Economic Psychology, 17.

Juran, J. M. (1974); Qualify control handbook, (3rd Ed.). New York: McGraw-Hill.

Llosa S. (1996), contribution à l'étude de la satisfaction dans les services, Thèse de doctorat en sciences de gestion, l'IAE d'Aix - Marseille, Décembre.

Mano H. Oliver R. (1993), Assessing the dimensionality and structure of the consumption experience : evaluation, feeling and satisfaction, Journal of Consumer Research, 20, Decembre, 451-466.

Moorman C. Zaltman G. Deshpandé R. (1993), Factors affecting trust in market research relationships, Journal of Marketing, 57, 1, 81-101.

Ngobo P.V (1997), Qualité perçue et satisfaction des consommateurs : un état des recherches, Revue Française du Marketing, 163, 67-79.

Oliver R.L, Swan J.E. (1989), Equity and dissatisfaction perceptions as influences on merchant and product satisfaction, Journal of Consumer Research, 16, 3, 372-383.

Oliver R.L. (1980), A Cognitive model of the antecedents and consequences of satisfaction decisions, Journal of Marketing Research, XVII, 460-469.

Oliver R.L. (1981), Measurement and evaluation of satisfaction process in retail settings, Journal of Retailing, Automne.

Oliver R.L. (1993), Cognitive, affective, and attribute bases of satisfaction response, Journal of Consumer Research, 20, 418-430.

Oliver R.L. (1997), Satisfaction: A Behavioral Perspective on the Consumer, McGraw Hill.

Oliver R.L. (1999), Whence Consumer Loyalty, Journal of Marketing, 63, 33-44.

Plichon V. (1998), La nécessité d'intégrer les états affectifs à l'explication du processus de satisfaction du consommateur, 15ème Congrès International de l'Association Française du Marketing, 671-694.

Rust R.T. Zahorik A.J. Keiningham T.L. (1995), Return on quality (ROQ) : making service quality finantially accountable, Journal of Marketing, 59, 2, 58-70.

Vanhamme J. (2002), La satisfaction des consommateurs spécifique à une transaction : définition, antécédents, mesure et modes, Recherches et Applications en Marketing, 17.

Westbrook R.A. (1983), Sources of consumer satisfaction with retail outlets: an extension, Journal of Marketing Research, 25, 204-214.

Westbrook R.A. (1987), Product/Consumption-based affective responses and postpurchase processes, Journal of Marketing Research, 24 (August), 258-270.

Westbrook R.A. Reilly M.(1983), Value-percept disparity : an alternative to the disconfirmation of expectations theory of consumer satisfaction, in Advances in Consumer Research R.P. Bagozzi, A.M. Tybout eds A Abor MI Association for Consumer Research, 256-61.

Westbrook R.A., Oliver R. (1991), The dimensionality of consumer emotion patterns and consumer satisfaction, Journal of Consumer Research, 18, June, 84-91.

Wirtz J. (1994), The affect litterature in psychology : a review for consumer behaviourists, Forthcoming Asian Journal of Marketing, 1, December.

Woodruff R.B. Cadotte E.R. Jenkins R.L. (1983), Modeling Consumer Satisfaction Processes Using Experience-Based Norms, Journal of Marketing Research, 20, August, 296-304.

Zeithaml V. Berry L. Parasuraman A. (1996), The behavioral consequences of service quality, Journal of Marketing, 60, April, 31-46.

Chapitre 6
Le "Word of Mouth" sur les réseaux sociaux numériques

Marie HAIKEL-ELSABEH

Résumé:

Le marketing digital sur les réseaux sociaux numériques est essentiellement axé sur le marketing du bouche à oreille (BAO). A l'époque d'internet, les entreprises incitent les consommateurs à faire du eBAO sur les réseaux sociaux et sur internet par rapport à leurs produits et services. Le eBAO est le phénomène du bouche à oreille sur les plateformes présentes sur internet. Avec la multiplication des plateformes permettant l'eBAO, le phénomène s'est fortement amplifié au point de devenir un enjeu essentiel pour les entreprises.

Abstract

An important part of digital marketing strategy is now based on Word of Mouth Marketing. Firms expect their customers to talk freely about their products among themselves. Nowadays, customers tend to trust more peer reviews, with regards to a product or service, than other types of reviews. Thus, Word of Mouth (WOM) is an important phenomenon that firms should consider.

Introduction

Les réseaux sociaux existent depuis la fin des années 70 et se sont systématisés durant les années 90. Les réseaux sociaux les plus connus et que nous utilisons actuellement ont tous été créés entre la fin des années 90 et la première partie des années 2000. Durant la deuxième partie des années 2000 les marques ont investi les réseaux sociaux comme Facebook afin d'établir de nouvelles relations avec leurs consommateurs. Cependant, pour les entreprises comme pour les chercheurs en marketing, la compréhension des déterminants au partage de contenu sur les pages Facebook de marques permet de comprendre les utilisateurs de réseaux sociaux. Les déterminants expliquent pourquoi les individus partagent de l'information en faisant du Word of Mouth Marketing (WOM). Le WOM est l'un des principaux déterminants au partage de contenu sur les marques sur internet et sur les réseaux sociaux. Le Word of Mouth Marketing (WOM) est une pratique récente. Depuis les années 50, les entreprises développent une stratégie de WOM pour que les consommateurs parlent de leurs produits et/ou services entre eux. Le développement de l'eWOM, donc du WOM sur internet, a renforcé l'importance du WOM dans les stratégies marketing des entreprises. Les marques gagnantes sont celles qui créent le WOM autour de leur produit. A l'instar de Danone avec sa publicité Evian Babies. Le WOM a tellement bien fonctionné que la publicité a été visionnée des millions de fois sur Youtube. A cette fin, il est essentiel de distinguer comment le *paid*, le *earned*, et le *owned* média coexistent dans la nébuleuse d'internet avant d'expliquer en détail le rapport entre ces termes et les réseaux sociaux. Le *paid media* est un média dans lequel investit l'entreprise pour gagner des consommateurs, convertir des utilisateurs, etc... Typiquement, les publicités classiques et les courriers sont considérés comme des Paid medias. Le *owned media* est les médias de la marque : son site internet, son blog, sa page Facebook. Le *earned media* est la publicité générée par la marque pour cibler les influenceurs et améliorer la connaissance de la marque. Le *earned media* permet de stimuler le Word of Mouth, donc la diffusion du contenu proposé par la marque grâce au bouche à oreille. Ce bouche à oreille a un impact en ligne et hors ligne et impacte les conversations des cibles.

Le *earned media* permet de comprendre, au même titre que les motivations, pourquoi les utilisateurs vont partager du contenu de façon générale mais aussi à propos des marques. Les motivations sont personnelles et propres à l'individu, et les stratégies de *earned media* sont initiées par les marques pour diffuser de l'information. Le WOM dépend des actions de partage d'information des consommateurs.

Ce chapitre propose de définir le périmètre du WOM et de l'eWOM. L'objectif étant d'apporter des éléments de compréhension par rapport au phénomène de l'eWOM sur les réseaux sociaux numériques et en particulier sur Facebook.

Qu'est-ce que le WOM ?

Nous proposons dans cette sous-partie une définition du WOM. L'association du Word of Mouth Marketing propose une définition du concept du WOM :

> « Le *word of mouth* marketing rassemble des dizaines de techniques marketing qui ont pour objectif d'encourager et d'aider les individus à parler les uns aux autres par rapport à des produits » [16].

La littérature sur le WOM a émergé dans les années 50, plusieurs études contribuant alors à développer un modèle organique du WOM qui place la recommandation au centre du dispositif menant le consommateur à l'acte d'achat (Brook 1957). L'un des précurseurs du WOM, William H. Whyte a étudié en 1954 le phénomène de WOM à Philadelphie. Il a analysé la diffusion d'un produit d'une marque spécifique d'appareils d'air conditionné en banlieue. Cet auteur a décrit dans son étude un réseau de communication entre voisins d'une banlieue de Philadelphie. Il a découvert qu'il existait un nombre important d'appareils d'air conditionné de la même marque dans une banlieue de Philadelphie. La raison principale étant que dans cette banlieue, il existait un réseau de WOM entre les voisins. En effet, le WOM

---

[16] http://www.womma.org

classique est purement orienté par rapport au produit ou au service, les consommateurs parlaient à leurs réseaux proches (amis, famille, collègues, voisins) de produits et services. Plusieurs études ont contribué à développer un modèle organique du WOM qui place la recommandation au centre du dispositif menant le consommateur à l'acte d'achat (Brook 1957). Dans les deux décennies suivantes, plusieurs auteurs vont postuler que si la campagne marketing est efficace, les consommateurs vont naturellement se recommander les produits ou services. En l'occurrence, les marketeurs ne peuvent mesurer totalement ce phénomène puisqu'il se fait naturellement entre les consommateurs (Bass 1969; Whyte 1954 ; Brook R 1957, Rogers 1962).

L'étude de diffusion de Ryan et Gross (1943) suggère que les conversations entre les acheteurs ont plus d'impact que les campagnes marketing en ce qui concerne l'achat et l'adoption de certains produits et services. Vers la fin des années 50, Brook R. C (1957) analyse le phénomène de la recommandation et son rôle déterminant dans la diffusion de nouveaux produits, et parvient à la conclusion selon laquelle si le bouche à oreille est effectif, il ne peut remplacer totalement la publicité traditionnelle. Dans la continuité de l'étude de Brook, les recherches d'Arndt (1968) analysent les mécanismes et les effets de la recommandation sur les consommateurs. Ces études sont fondées sur des questionnaires adressés à des panels de consommateurs en partenariat avec des entreprises.

Cependant, vers la fin des années 50, de nouveaux auteurs vont proposer une théorie alternative, affirmant que certains consommateurs vont recommander des produits et services plus que d'autres. Dans la lignée des travaux de Katz et Lazarsfeld (1955), les auteurs identifient des relais d'opinion qui ont des caractéristiques comportementales et psychologiques spécifiques. Ce modèle qualifié de linéaire est celui du « Two step flow of communication » (Katz et Lazarsfeld, 1955). La définition de base du « Two step flow of communication » consiste à expliquer le phénomène de la communication interpersonnelle entre l'individu et les membres de son groupe social (amis, famille, collègues). Dans le cadre du modèle linéaire les influenceurs sont indirectement influencés par les campagnes marketing des marques et influencent les autres utilisateurs à leur tour. A la fin des années 60, les articles d'Engel et Kerreigeis (1969), introduisent la notion d'innovateur (*innovator*), c'est-à-dire le premier consommateur qui teste un nouveau produit. Les études de Robertson (1969) portent sur les leaders d'opinion en se réclamant du courant comportementaliste (behavioral science). L'influenceur va être l'interface entre la marque et les autres consommateurs. Les études de Feick et Price (1987) s'inscrivent dans la droite lignée de celle d'Engel et Kerregeis (1969) : ils emploient l'expression de consommateur expert (maven), qui est un relais important dans le système de recommandation. Nous utiliserons le terme d'influenceur qui regroupe tous les différents relais d'opinion identifiés dans la littérature en marketing et information communication : les *market maven* (Price et Feick 1987), les leaders d'opinion (Price et Feick 1987, Sumner 1970, Katz et Lazarsfeld 1955), ou encore les *early adopters* (Price et Feick 1987, Sheth 1971).

Les travaux des années 70 sur la recommandation creusent le sillon du modèle linéaire. Une multiplication de recherches porte sur la recommandation entre les consommateurs et l'étude des leaders d'opinion du point de vue sociologique et marketing. L'étude de Sheth (1971) opère un changement de perspective, le phénomène de la recommandation fonctionne surtout pour les innovations et nouveaux produits sources de peu de risques (low risk innovations), il constate aussi que les personnes qui recommandent ces nouveaux produits sont aussi sensibles à la recommandation. Durant les années 80, de nombreux auteurs vont s'intéresser au phénomène de la recommandation principalement en créant des modèles prédictifs comme Mahajan et Muller (1984), en analysant la recommandation négative, en définissant une catégorie de produits pour lesquels la recommandation fonctionne. A la fin des années 80, Bayus (1985) souligne le fait que la recommandation est un phénomène difficilement évaluable par les marketeurs du fait de l'aspect spontané et non contrôlé par les marques de la communication interpersonnelle entre les individus. Brown et Reingen (1987) quant à eux ont utilisé la théorie de Granovetter (1973) sur les liens faibles et les liens forts pour mesurer l'impact du WOM. Ils ont découvert que l'information a plus d'impact quand elle est transmise par des liens forts, donc par un membre de la famille par exemple. Les études produites dans les années 90 s'incrivent dans la continuité de celles des années 80 telles que celles de Aacker (1992), et Reichheld (1996) sur les recommandations négatives.

Les contraintes du WOM

Selon Berger et Schwartz (2011) le WOM est provoqué par les motivations de l'autoconstruction ou de l'auto-représentation. Selon eux, le WOM est initié si les produits sont accessibles ou s'ils provoquent l'intérêt du consommateur. Par accessibilité, ils signifient que ce sont des produits dont on peut avoir un usage quotidien si ce n'est régulier.

Wojnicki et Godes (2008) précisent que quand les consommateurs font du WOM ils communiquent aussi à propos d'eux-mêmes. En effet, selon Wojnicki et Godes (2008), les individus veulent que les autres aient une haute opinion d'eux. En communiquant à propos des produits, les consommateurs veulent se faire remarquer et être appréciés pour leur contribution. Donc si l'on prend en considération la théorie de Berger et Schwartz (2011), on pourrait dire que certaines catégories de produits et certaines entreprises ne sont pas adaptées au WOM du fait d'un déficit d'image lié au manque d'intérêt des consommateurs à leur égard.

L'influence du WOM sur les consommateurs

Les consommateurs pratiquent le WOM depuis très longtemps. En l'occurrence, Balter et Butman (2005) questionnent la validité du modèle linéaire popularisé par Katz et Lazarfeld (1955). Pour eux, le WOM peut potentiellement être initié par n'importe quel consommateur qui peut influencer son voisin. De ce fait, il est plus intéressant d'étudier les individus qui sont reliés entre eux. Les liens sociaux jouent un rôle important dans le *flow* d'informations de consommateur à consommateur. Dichter (1966) a montré que le WOM satisfait une envie de partager quelque chose d'important avec les autres consommateurs. Pour Engel et al. (1993) les consommateurs informent les autres en s'engageant dans le WOM puisqu'ils souhaitent sincèrement aider les autres à prendre la bonne décision d'achat et les empêcher de vivre une expérience négative.

Historique de l'eWOM

Avec la généralisation progressive de l'internet, un nouveau terrain d'étude va progressivement concentrer l'essentiel des recherches, celui du bouche à oreille, plus spécifiquement de l'eWOM (eWord of Mouth). Selon Bone (1995) le WOM a un impact immédiat ou plus tard sur le choix d'un produit. Pour Bone (1995), la source du WOM est essentielle : quand le WOM vient d'un expert perçu, il a un impact sur le choix d'achat du consommateur. De ce fait, le WOM n'est pas unidimensionnel et plusieurs critères vont affecter l'impact du WOM sur les consommateurs : les liens entre les individus, le type et la catégorie de produit, la tonalité du message, la source, etc. Cependant, les années 2000 vont ouvrir la voie à des nouvelles formes de WOM sur des nouvelles plateformes.

Dans les années 2000, le développement de l'internet a ouvert la voie à de nouvelles interactions entre les marques et les consommateurs. En effet, les consommateurs ont de nouvelles plateformes qui leur permettent d'acquérir des connaissances plus approfondies sur les produits et services des marques. D'autre part, ils ont aussi la possibilité d'avoir de nouvelles interactions avec d'autres consommateurs et de bénéficier de leurs expériences. Ces interactions sont conduites via des emails, forums, communautés virtuelles, newsgroups, chats, réseaux sociaux, sites web, blogs. Selon Hennig-Thurau, et al (2004) « the electronic word of mouth » (eWOM) « est n'importe quelle contribution en ligne qu'elle soit positive ou négative faite par un potentiel, actuel, ou ancien client à propos d'un produit ou d'une entreprise qui est diffusée à une multitude d'individus ou institutions via l'internet ». Les études ont prouvé que l'eWOM a plus d'influence que l'information diffusée et fabriquée par des marketeurs parce que l'eWOM est perçue comme étant plus pratique et crédible (Bickart, Schindler, 2001).

Dans une littérature se diversifiant et se densifiant, la plupart des articles à partir de 2000 portent sur l'e-recommandation ou l'eWOM. Le modèle dominant devient celui de la coproduction avec l'entreprise. Les entreprises vont cibler des influenceurs de façon directe afin qu'ils fassent du eWOM auprès des consommateurs qui vont à leur tour s'influencer entre eux. Les marketeurs sont particulièrement intéressés par le « WOM » parce que les formes traditionnelles de communication perdent de l'efficacité. L'internet présente des nouvelles opportunités pour la recommandation, les utilisateurs peuvent partager des informations, laisser leurs avis, à propos de produits et services. Nous introduisons ici le concept d'eWOM qui inclut toutes les actions de WOM sur internet (nous définissons ce concept dans la sous-partie suivante sur les influenceurs).

L'étude de Mayzlin et Godes (2004) introduit l'idée que l'eWOM des consommateurs peut influer sur les ventes futures parcequ'elle résulte des ventes passées. Ils suggèrent que les conversations en ligne permettent de mesurer de façon indirecte le WOM. Enfin, Mayzlin et Chevalier (2006) utilisent les commentaires sur les livres sur Amazon.com et Barnes et Nobles.com pour analyser l'impact du eWOM positif sur les ventes et constatent qu'un eWOM positif permet d'augmenter les ventes. Selon eux, un eWOM négatif a un impact plus important que l' eWOM positif, notamment en ce qui concerne les ventes en provoquant leur diminution.

L'article d'Alain Samson (2006), fondé sur de nombreux articles publiés dans les années 2000, propose de nouvelles pistes de recherche ; selon lui les utilisateurs et consommateurs réguliers d'un produit ne sont pas les meilleures cibles et avocats de ceux-ci lors de campagnes de « WOM ». Ces deux auteurs que nous avons choisis à titre d'exemple sont la preuve que les pistes de recherche se multiplient et s'affinent, grâce à une collaboration accrue avec les grandes entreprises qui s'engagent de plus en plus dans des campagnes de « Word of mouth marketing ». Les informations sur un produit sur un forum ont plus d'impact et de crédibilité que l'information sur un site d'entreprise. En l'occurrence, pour Hennig Thurau et al. (2004) les facteurs qui expliquent les motivations à s'engager sur des actions d'eWOM sont les mêmes que pour le WOM traditionnel. Les déterminants à la communication interpersonnelle qui s'engage au travers du WOM et de l'eWOM sont donc similaires, ce sont les plateformes qui changent puisque l'eWOM est spécifiquement sur internet.

L'eWOM instrumenté

L'eWOM pour Hennig-Thurau et al. (2004) est un avis positif ou négatif partagé sur internet par un consommateur potentiel, actuel, ou ancien des produits d'une entreprise. Les destinataires sont d'autres consommateurs ou institutions Hennig-Thurau et al. (2004). L'eWOM a principalement été étudié sous l'angle de la stratégie de marketing viral, la communication de consommateur à consommateur étant utilisée pour diffuser de l'information à propos d'un produit ou service (Hennig-Thurau, 2004). Avec l'avènement des communautés virtuelles, la recherche s'est cependant progressivement orientée vers l'analyse des communautés virtuelles thématiques où les membres s'échangent de l'information relative à des produits ou services (Hennig-Thurau, 2004).

Les formes d'apparition de l'eWOM sont donc multiples et se structurent de plus en plus au sein de communautés virtuelles thématiques initiées, par les entreprises ou non. Ces communautés virtuelles sont soit présentes sur les réseaux sociaux, soit sur des forums, ou encore des blogs. Progressivement, les sites internet des marques, très institutionnels, sont délaissés au profit de ces nouvelles plateformes. En 2004, Hennig-Thurau et al citaient les plateformes suivantes : sites de boycott, news groups, forums de discussion. L'avènement de réseaux sociaux mondiaux comme Twitter et Facebook a depuis crystallisé une partie importante de l'eWOM sur les entreprises. Les entreprises ont en effet investi massivement Facebook depuis 2009 en créant des pages de marques, ce qui a eu pour effet de renforcer, organiser, et canaliser l'eWOM sur ce vecteur.

Hennig-Thurau et al avaient réalisé en 2004 un panorama de la recherche sur l'analyse communautaire de l'eWOM en mettant l'accent sur le fait que la recherche de l'époque portait essentiellement sur les aspects de formation et d'existence des communautés en ligne ou les aspects managériaux de gestion de communautés.

Hennig-Thurau et al (2004) proposaient une analyse basée sur l'eWOM entre les membres de communautés virtuelles. A cette fin, ils reprennent la classification des antécédents de l'eWOM proposée par Balasubramanian and Mahajan (2001) qui proposent trois antécédents liés à l'utilité sociale de l'interaction : *focus-related utility*, *consumption utility*, *approval utility*.

La *Focus-related utility* est la valeur que le consommateur apporte à la communauté grâce à ses contributions. Cette motivation rejoint celles du partage des connaissances et de la co-création (que nous définissons dans la partie sur les motivations). Cette motivation est aussi liée à celle de l'aide et de l'altruisme (que nous définissons dans la partie sur les motivations) puisque le consommateur aide les autres lorsqu'il témoigne par son avis et/ou expérience du produit ou service.

La *consumption related-utility* est liée au profit que retire le consommateur en utilisant les avis d'autres consommateurs. En général, avant d'acheter certains produits ou services les consommateurs vont aller se renseigner sur internet en lisant les avis de consommateurs faisant suite à une expérience de consommation. Cependant, il peut y avoir une recherche d'avis faisant suite à l'achat d'un produit pour se renseigner sur son utilisation. L'*approval utility* est liée à la satisfaction d'un consommateur après la lecture de sa contribution et l'avis positif d'un ou de plusieurs consommateurs par rapport à celle-ci. Cette motivation est proche de celle de norme de réciprocité que nous définissons dans la partie sur les motivations. Ainsi, pour Hennig-Thurau et al. (2004) l'eWOM permet de générer une information utile socialement sur les produits. Les antécédent de l'eWOM s'appliquent à un eWOM qui serait multiplateforme sur internet mais qui prendrait principalement la forme d'avis de consommateurs.

Quelles sont les opportunités et évolutions induites par l'évolution de l'eWOM sur internet et sa concentration progressive sur les réseaux sociaux ? Nous présentons ici le cas Facebook en nous concentrant sur les nouvelles formes de l'eWOM et les conséquences induites par le réseau social. L'une des principales distinctions entre le WOM et l'eWOM réalisée par Hennig-Thurau et al. (2004) est que les consommateurs font de l'eWOM sur différentes plateformes sans se connaitre. Or, sur Facebook, l'eWOM se fait entre amis Facebook, ce qui implique qu'il se fait entre des personnes qui se connaissent. L'eWOM se propage donc plus rapidement sur Facebook puisque les individus se connaissent grâce à la mise à jour des statuts, et aux posts. L'intérêt pour le consommateur sur Facebook est centré sur la personne qui fait l'eWOM alors que s'il participe à un forum sur une marque son intérêt est centré sur la marque. Les applications, en faisant du push auprès des consommateurs présents sur Facebook, vont renforcer ce phénomène d'eWOM en proposant du contenu qui peut faire l'objet d'un share, tag, ou like.

De ce fait, il faut aller au-delà du classique avis de consommateur pour définir cette nouvelle forme d'eWOM sur Facebook afin d'englober l'ensemble des informations, réactions, et preuves d'intérêt (share, like, tag) qui sont en lien avec un produit, service, ou une marque. L'évolution de l'eWOM est donc aussi liée à l'évolution des plateformes, ce qui signifie que plusieurs formes d'apparition de l'eWOM coexistent sur internet. Cependant, comment comprendre l'eWOM autrement que selon l'utilité sociale qu'il fournit ? Le concept d'engagement à la marque est fortement lié à celui de l'eWOM. L'eWOM est une forme d'engagement à la marque, puisque si l'on reprend l'échelle du brand engagement (Sprott, Czellar, 2009), on peut considérer que le style de vie et l'identification du consommateur à la marque passent aussi par l'eWOM qu'ils réalisent, via différentes plateformes, sur celle-ci. Selon les articles, l'engagement est perçu comme un antécédent de l'eWOM (Yeh, Choi, 2011) ou au contraire comme une nouvelle forme d'engagement.

L'eWOM sur Facebook

Facebook est un réseau social généraliste qui existe depuis moins de dix ans. Ce réseau social a pourtant évolué dans ses fonctionnalités de façon assez radicales. Le Facebook de 2006 n'est pas celui de 2013. Cela est le fait des différences d'usages de la plateforme par les utilisateurs et de l'évolution des types de contenu partagés par ceux-ci. En l'occurrence, une utilisation personnelle et professionnelle de Facebook s'est développée. De ce fait, il est essentiel de comprendre les usages de Facebook pour comprendre quels sont les déterminants au partage en général et sur les pages Facebook de marques.

Pour Acquisti et Gross (2006) les étudiants vont sur Facebook pour avoir des informations et retrouver des camarades principalement. La seconde raison est que cela leur permet d'être joignables plus facilement. Pourtant pour ces auteurs, les propositions comme « *je vais sur Facebook pour draguer* » ne sont pas significatives pour les utilisateurs. La motivation principale à aller sur Facebook est de rester en contact de façon latente, et par moment active, avec son réseau interpersonnel.

On partage donc certaines informations spécifiques avec son réseau interpersonnel élargi : comme sa date d'anniversaire, ses cours, ses opinions politiques, son orientation sexuelle, le nom de son partenaire. On communique moins par rapport à certaines informations trop privées comme son numéro de portable, son adresse.

L'article d'Acquisti et Gross date de 2006 et porte sur un échantillon d'étudiants. Or depuis 2006, les entreprises ont largement investi les réseaux sociaux et surtout Facebook. Une littérature en marketing encore émergente commence à s'intéresser à ce phénomène. Nous avons évoqué plus haut l'article de Paff, Ogle Reitz et Yan (2011) qui porte sur les motivations à partager du contenu sur les pages de marques. Cette littérature s'est essentiellement structurée autour des déterminants au partage en se concentrant sur les motivations et l'engagement. Pour autant, peu d'articles portent exclusivement sur le partage de contenu en lui-même et le type de contenu partagé.

Le contenu partagé sur les pages Facebook de marques

Le contenu partagé sur les pages Facebook de marques par les utilisateurs est spécifique. Certaines marques n'autorisent pas les posts des utilisateurs dans leurs paramètres. Tandis que d'autres marques autorisent les utilisateurs à *liker*, commenter et poster. Les pages de marques donnent accès aux utilisateurs à des informations ciblées sur la marque. Les utilisateurs sont donc des commentateurs et likeurs de ces informations relatives à l'actualité de la marque (Lea, Yu and Maguluru 2006). Pour autant, l'usage principal de Facebook n'est pas lié aux marques mais à l'enrichissement du capital social lié à la marque.

L'impact des spécificités de Facebook sur le partage de contenu

Entre 2000 et 2010, une explosion du nombre de membres des réseaux sociaux a montré que cette tendance propre au web social s'inscrivait dans la durée. Désormais 1 individu sur 7 dans le monde a un compte sur

Facebook. Et Facebook est le deuxième site le plus visité au monde. Facebook était initialement un réseau social dédié aux étudiants de Harvard. En décembre 2004, plus d'un million de membres étaient déjà inscrits. La stratégie de Facebook a été de cibler les autres universités américaines. Avant d'être global, ce réseau social était surtout destiné à l'élite, les étudiants des Ivy League Schools, dans l'objectif de favoriser une socialisation sur internet. Le réseau social est devenu mondial tout en rencontrant des difficultés dans sa conquête de certaines régions du monde comme la Chine où Facebook est verrouillé.

Facebook permet le partage d'informations avec des « amis Facebook ». Le réseau a plusieurs spécificités : ses membres peuvent contrôler avec qui et comment ils partagent de l'information en paramétrant leurs comptes pour les rendre privés ou publics ; différents niveaux de paramètres permettent de rendre certaines informations de profils privés. Facebook est donc un réseau social qui permet à ses utilisateurs, grâce à un contrôle manuel et plusieurs fonctionnalités (chat, Facebook mail), d'avoir une communication ciblée avec certains amis tout en gardant une communication ciblant l'ensemble des amis Facebook en postant.

L'impact des spécificités de Facebook sur le partage de contenu sur les pages de marques

La dualité que nous avons mise en exergue entre le partage public et privé d'informations existe pour les pages de marques mais de façon différente. En partageant de l'information sur les pages de marques sur Facebook (post, comment, like). L'utilisateur partage de l'information avec les membres d'une communauté de marque qui ne sont pas ses amis Facebook mais qui ont un intérêt commun avec lui, la marque. Les informations partagées sur la page de marque sont donc essentiellement liées à la marque en elle-même, même si parfois les utilisateurs font des digressions. Les pages de marque ont changé le modèle initial de Facebook en permettant un partage de l'utilisateur avec des non amis. L'utilisateur en partageant de l'information sur une page de marque, ou en acceptant une application de marque sur Facebook, peut cependant aussi partager de l'information sur la marque avec ses amis Facebook et donc faire de l'eWOM auprès de ses amis. L'utilisateur, en partageant de l'information sur les pages Facebook, a donc différents types de destinataires mais il va dans tous les cas adapter sa communication au contenu thématique de la page de marque.

Les destinataires du partage de contenu sur Facebook

Les membres de Facebook utilisent le réseau social pour interagir avec des personnes qu'elles connaissent déjà, et pour rencontrer des amis d'amis (Ellison et al, 2007). Facebook offre la possibilité à ses membres de poster des commentaires sur leurs pages respectives, prendre connaissance des points communs, hobbies, intérêts, goûts musicaux, et relations amicales ou romantiques des autres membres (Elisson et al., 2007). Facebook joue un rôle important dans le maintien et la création du capital social. Selon Elisson et al (2007), le capital social explique pourquoi les individus partagent du contenu sur Facebook. Le capital social est défini comme étant l'ensemble des bénéfices perçus liés aux liens sociaux établis par l'individu. Les participants maintiennent leur réseau interpersonnel en partageant du contenu sur Facebook, ils gardent contact avec des personnes qu'ils voient régulièrement, voir au quotidien, mais aussi avec des individus avec lesquels ils veulent garder un lien social sans nécessairement les voir régulièrement. Cette volonté de garder un lien social à moindre coût est l'une des principales motivations au partage de contenu avec une communauté composée d'amis et de connaissances sur Facebook. Certains liens sont latents et peuvent être réactivés par les utilisateurs en fonction des opportunités. Pour un étudiant, l'opportunité serait de contacter quelqu'un qui est dans le même cours et qui a des informations sur le cours mais qui n'est pas forcément un ami proche (Elisson et al. 2007). Selon Daniel Miller (2011), Facebook permet aussi à ses utilisateurs de partager du contenu avec leurs proches qui était traditionnellement échangé physiquement comme les photos de vacances et/ou de famille. En les échangeant par Facebook les utilisateurs ne vont plus parler de leurs photos et de leurs vacances en détail avec leurs amis. Ainsi Facebook remplace certains faits sociaux et rend obsolète le partage social d'information par rapport à certains sujets. Cependant, le livre de Miller (2011) met en exergue le fait que toutes les informations ne sont pas communiquées à l'ensemble des amis Facebook et qu'il y a une sélection des informations diffusées uniquement à certains amis en fonction du niveau d'intimité, et des sujets évoqués par les participants. Les invitations à certains évènements sont spécifiquement postées pour certains amis par exemple. Globalement, il y a une modulation de la communication par rapport aux destinataires qui est liée à la fois au niveau d'intimité et à l'usage qui est fait par l'utilisateur de Facebook. Les participants peuvent parfois partager leurs états d'âmes, pensées sur l'actualité, avec tous leurs amis pour avoir une réaction et initier des conversations plus intimes avec des amis spécifiques en utilisant la fonction de Chat. L'usage de plateforme définit donc le rapport aux destinataires. Pour autant, l'eWOM sur les pages de marques sur Facebook a des déterminants communs et différents avec le partage sur des sujets génériques entre amis Facebook.

Les destinataires du partage de contenu sur les marques

Les utilisateurs partagent du contenu sur les marques à la fois avec les autres membres de la communauté virtuelle présents sur les pages de marques, mais aussi avec leurs propres amis Facebook. Cette dualité est liée au fait que la page de marque est un nouveau standard sur Facebook et qu'elle a fait évoluer le modèle initial du réseau social. Les pages de marques sont thématiques alors que les pages de membres de Facebook sont individuelles et auto-centrées. Le dialogue qui se développe grâce à l'eWOM entre la page auto-centrée de l'individu et la page thématique de marque permet de mettre en exergue le rapport individuel et personnel à la marque. Le fait de liker, commenter, poster sur une page de marques est un fait social qui permet à l'individu de s'identifier à la marque. En s'identifiant à celle-ci, il rend visible la marque comme étant une composante de son mode de vie (Sprott Czellar 2009). Cette relation à la marque qui se fait à travers l'eWOM devient un fait social qui permet à l'individu de faire reconnaitre socialement son engagement à la marque.

Bibliographie et conseils de lecture:

Aaker D.A., Stayman D.M. et Hagerty M.R., (1986), Warmth in advertising: measurement, impact, and sequence effects, Journal of Consumer Research, 12(4), 365-381.

Aaker D.A. (1991), Managing brand equity, New York, The Free Press.

Aaker D.A. (1994), Le management du capital-marque, Paris, Dalloz.

Aaker, J. (1992). The negative attraction effect? A study of the attraction effect under judgment and choice. Advances in Consumer Research 18, 462-469.

Acquisti, A., & Gross, R. (2006, January). Imagined communities: Awareness, information sharing, and privacy on the Facebook. In Privacy enhancing technologies (36-58). Springer Berlin Heidelberg.

Arndt, J. (1968). Selective processes in word of mouth. Journal of Advertising Research 8(3), 19-22.

Bass, F.M. (1969), A New Product Growth for Model Consumer Durables, Management Science, 15, (5).

Balasubramanian, S., Raghunathan, R., & Mahajan, V. (2005). Consumers in a multichannel environment: Product utility, process utility, and channel choice.Journal of Interactive Marketing, 19(2), 12-30.

Bayus B.L, (1985), Word of Mouth. The Indirect Effects of Marketing Efforts, Journal of Advertising Research 25, 3, 31-39.

Berger, J., & Schwartz, E. M. (2011). What drives immediate and ongoing word of mouth?. Journal of Marketing Research, 48(5), 869-880.

Bickart, B., & Schindler, R.M. (2001). Internet forums as influential sources of consumer information. Journal of Interactive Marketing, 15, 31-40.

Brooks Jr., Robert C. (1957), Word-of-Mouth' Advertising in Selling New Products, Journal of Marketing, 22 (2), 154-161.

Brown J.J. et Reingen P.H. (1987), Social ties and word-of-mouth referral behavior, Journal of Consumer Research, 14(3), 350-62.

Bone, P. F. (1995), Word-of-Mouth Effects on Short-term and Long-term Product Judgements, Journal of Business Research, 32 (March), 213-224.

Dichter, E. (1966), How Word-of-Mouth Advertising Works, Harvard Business Review, 16 (November–December), 147–66.

Ellison, N. B., Steinfield, C., & Lampe, C. (2007). The benefits of Facebook "friends:" Social capital and college students' use of online social network sites. Journal of Computer-Mediated Communication, 12(4), article 1.

Engel, J. F., R. J. Kegerreis, et al. (1969). Word-of-mouth communication by the innovator. Journal of Marketing 33(3).

Feick, Lawrence F. and Linda L. Price (1987), The Market Maven: A Diffuser of Marketplace Information, Journal of Marketing, 51 (1), 83–97.

Hennig-Thurau T., Gwinner K.P. et Gremler D.D. (2002), Understanding relationship marketing outcomes: an integration of relational benefits and relationship quality, Journal of Service Research, 4, 3, 230-247.

Hyllegard, K. H., Ogle, J. P., Yan, R. N., et Reitz, A. R. (2011). An exploratory study of college students' fanning behavior on Facebook. College Student Journal, 45(3).

Katz, Elihu, & Lazarsfeld, Paul (2008). Influence personnelle. Paris: Armand Colin (1955: Personal Influence, New York: The Free Press).

Lea, B. R., Yu, W. B., Maguluru, N., & Nichols, M. (2006). Enhancing business networks using social network based virtual communities. Industrial Management & Data Systems, 106(1), 121-138.

Mahajan, V., Muller, E., & Bass, F. M. (1990). New product diffusion models in marketing: A review and directions for research. The Journal of Marketing, 1-26.

Mayzlin, D., et Chevalier F. (2006) The effect of word of mouth on sales: online book reviews. Journal of Marketing Research, 43(3), 345–354.

Mayzlin, D, Godes, D. (2009). Firm-Created Word-of-Mouth Communication: Evidence from a Field Test. Marketing Science 28, 4 (7), 721-739.

Miller, D. (2011). Tales from facebook. Polity.

Rao, A. G. (1985). Harnessing the power of word-of-mouth. Innovations Diffusion Models of New Product Acceptance. Cambridge, Ballinger.

Robertson T.S., Myers J. H. (1972), Dimensions of Opinion leadership, Journal of Marketing Research, February, 9, 41-46.

Rogers, Everett M. (1962). Diffusion of Innovations. The Free Press. New York.

Reichheld, F. F. (1996). Learning from customer defections. Harvard Business Review 74(2), 56-61.

Samson, A. (2006). Understanding the buzz that matters: negative vs positive word of mouth, International Journal of Market Research 48(6), pp. 647-657.

Sheth, J. N. (1971). Word-of-mouth in low-risk innovations. Journal of Advertising Research, 11(3), 15-18.

Sprott, David ; Czellar, Sandor ; Spangenberg, Eric (2009) The Importance of a General Measure of Brand Engagement on Market Behavior : Development and Validation of a Scale. Journal of Marketing Research, 46 (1), 92-104.

Yeh Y.H, Choi S.M (2011), MINI-lovers, maxi-mouths: an investigation of antecedents to eWOM intention among brand community members, 17(3), 145-162.

Whyte Jr., William H., (1954), The Web of Word of Mouth, Fortune, 50 (9) 140-143.

Wojnicki, A. C., & Godes, D. (2008). Word-of-mouth as self-enhancement. HBS marketing research paper, (06-01).

Yeh Y.H, Choi S.M (2011), MINI-lovers, maxi-mouths: an investigation of antecedents to eWOM intention among brand community members, 17, 3, 145-162.

Chapitre 7
Le concept de fidélité

Patricia BAUDIER

Résumé

La fidélisation reste une priorité pour les entreprises. Plusieurs théories se sont succédées afin de mesurer la fidélité, passant d'un paradigme comportemental, à une approche attitudinale pour enfin proposer le concept de la fidélité composite.

Abstract

Retention remains a priority for companies. Several theories have been elaborated in order to measure loyalty from a behavioral paradigm to an attitudinal approach to finally propose the concept of composite loyalty.

Introduction

Il existe de nombreuses définitions pour le concept de fidélité. On peut être fidèle à un principe, à la parole donnée, à une marque, à son conjoint ou à un ami, etc. Selon Crié (1996), dans le domaine commercial, *« Fidéliser, c'est inciter le client à choisir à nouveau la même marque lors de son prochain achat».*

La fidélité est devenue une des préoccupations majeures des entreprises. Face à un coût d'acquisition d'un nouveau client 5 à 10 fois plus élevé que la rétention de clients actuels (Hart et al., 1990) et à une concurrence de plus en plus importante, il devient primordial pour les entreprises de fidéliser leurs consommateurs pour maintenir leur rentabilité (Kumar et al, 2010) et stabiliser voire accroître leur chiffre d'affaire (Benavent et Meyer-Waarden, 2004). Reinartz et Kumar (2000) ont démontré un lien direct entre la fidélité client et la profitabilité des entreprises ; ainsi, selon eux, une augmentation de 5% de la fidélité clients peut augmenter la profitabilité de 40 à 95% (Reichheld, 2001).

Afin de préserver leur rentabilité, les entreprises doivent non seulement attirer de nouveaux clients en s'adressant à des prospects potentiels, en prenant en considération le fait qu'il faut parfois plusieurs années avant que la relation (client/marque) devienne profitable (Anderson et Sullivan, 1993), tout en conservant leurs clients actuels et en les fidélisant.

Oliver (1999) distingue 4 types de fidélité, qu'il associe au niveau d'engagement du consommateur envers la marque : La fidélité cognitive, affective, conative et d'action.

1. La fidélité cognitive

Après la collecte et l'étude des informations à sa disposition (prix, descriptif produit, fonctionnalités…), le consommateur évalue et choisit parmi l'offre proposée le produit de la marque qui correspond le mieux à ses attentes. Le produit ou service sélectionné est alors considéré comme supérieur à tous les autres afin de satisfaire ses besoins. Toutefois, il changera de marque dès lors qu'il considérera un autre produit comme supérieur à celui envisagé à l'achat. Il peut aussi être influencé par son entourage ou par les commentaires d'autres consommateurs publiés notamment sur internet. Au stade de la fidélité cognitive, l'engagement envers la marque est donc faible.

2. La fidélité affective

La fidélité affective fait suite à une expérience passée positive avec la marque, le produit ou le service qui lui procure de bons souvenirs, des émotions agréables. Ces souvenirs poussent l'individu à envisager de renouveler l'expérience. Le consommateur montre un certain « affect » vis-à-vis de la marque avec un niveau d'engagement toutefois modéré.

3. La fidélité conative

Le consommateur montre un réel engagement de ré-achat de la marque, il envisage sérieusement de renouveler l'expérience. Toutefois, même si cet engagement est plus fort que pour la fidélité cognitive et affective, il n'en demeure pas moins qu'il s'agit d'une intention d'achat prévue qui ne sera pas nécessairement suivie par un acte d'achat.

4. La fidélité action

Le consommateur ne se contente pas uniquement d'intention d'achat, il passe à l'action et rachète la marque. La fidélité action correspond au plus fort degré d'engagement.

Plusieurs approches permettent d'analyser le concept de fidélité : une approche dite comportementale, une approche attitudinale ou une approche composite.

L'approche comportementale (*Behavioriste*)

Pendant de très nombreuses années, la mesure de la fidélité se résumait à la mesure du niveau d'achat d'un produit ou service. Les entreprises avaient donc souvent tendance à mesurer la fidélité du client uniquement par les achats répétés de leurs consommateurs. L'approche comportementale s'intéresse donc principalement à l'intention d'achat et à sa transformation en acte d'achat. Par intention d'achat, on entend la prédisposition d'un consommateur à acheter ou racheter un produit ou service, l'intention d'achat est donc une étape importante du processus d'achat.

Si un consommateur conserve ou augmente son niveau d'achat, il est souvent considéré par les entreprises comme fidèle. Il faut toutefois prendre en considération le fait qu'un achat renouvelé, répété, n'induit pas nécessairement que le consommateur soit fidèle à la marque. Il peut s'agir simplement d'un achat routinier ou d'un achat par mimétisme. Prenons l'exemple d'un étudiant qui s'installe dans un nouvel appartement pour suivre ses études, lorsqu'il va choisir sa lessive en magasin, il aura tendance à acheter la marque utilisée par ses parents. Prenons le même étudiant qui va acheter une pâte à tartiner et qui choisit aussi la marque consommée dans son foyer d'origine.

Peut-on considérer que cet étudiant est fidèle à la marque de lessive et/ou à la marque de pâte à tartiner ? La réponse est « oui » dès lors que le consommateur a un réel lien affectif et durable avec la marque. Si le consommateur n'a pas de lien affectif avec la marque, il s'agit d'un achat routinier par lequel le client achète par habitude /mimétisme plus que par fidélité. N'ayant aucune attache avec la marque, il en changera très facilement. Sauf si changer de marque implique pour le client un coût potentiel (Tsao et Chen-Li-Wei, 2005) ou que la marque qu'il consomme lui propose des promotions quasi permanentes (Bozzo et al, 2003). Dans ce cas, les seuls critères coût/économie rentrent en considération dans l'acte d'achat.

Il conviendra donc de distinguer la « vraie fidélité » de la « fausse fidélité ». De même, doit-on considérer qu'un client est fidèle s'il achète une seule et unique marque ? Tout dépend du produit acheté : s'il s'agit d'un produit de grande consommation comme les yaourts, il est difficile pour un individu de consommer toujours le même produit. Il a besoin de diversité. L'entreprise doit donc lui proposer une gamme très étendue afin que celui-ci continue à consommer les produits de même marque. Il est difficile toutefois de ne consommer qu'une seule et unique marque de yaourts. Afin de déterminer le niveau de fidélité du consommateur, on peut donc s'intéresser à la proportion des achats d'une marque par rapport à l'achat total de ce type de produits.

Afin de mesurer l'aspect comportemental de la fidélité, on peut analyser le comportement effectif ou le comportement déclaré.

Le comportement effectif

Le comportement effectif consiste à observer le comportement du consommateur à partir de ses achats passés, à analyser les informations. De nombreuses données sont collectées par le biais des cartes de fidélité proposées par la plupart des magasins et des enseignes de la grande distribution. De plus, les entreprises, qui disposent d'un site de vente sur internet, peuvent accéder aux achats effectués par leurs consommateurs. A partir des achats passés, les entreprises peuvent estimer le niveau de fidélité de leurs clients, prédire de potentiels achats futurs mais aussi déclencher l'acte d'achat en les incitant à acheter par le biais d'offres ciblées sur les produits qu'ils consomment.

Toutefois, comme vu précédemment, les individus peuvent consommer plusieurs marques, qu'ils achètent en alternance ou simultanément et rester fidèles à ces marques : c'est le concept de Multi-Fidélité (Kapferer et Laurent, 1983). Cunnigham (1961) suggère donc de déterminer le niveau de fidélité des clients en fonction du pourcentage d'achat de la marque. Pour qu'un consommateur soit considéré comme fidèle, l'indice de proportion d'achat doit être supérieur ou égal à 50% du montant total d'achats de la catégorie produits. Toutefois, l'analyse seule de la proportion d'achat ne suffit pas à définir la fidélité, il conviendra aussi d'analyser la fréquence et la séquence des achats. Tucker (1964) et Stafford (1966) considèrent qu'un client est fidèle dès lors que sa séquence d'achat comprend au moins trois fois de suite une marque similaire.

Toutefois, il faudra aussi prendre en considération les aléas exceptionnels, comme les ruptures de stock, qui peuvent contraindre le consommateur à changer de marque. C'est surtout le cas pour les produits de consommation courante dont il ne peut pas se passer. Face à cette situation, le client n'aura pas d'autre choix que de sélectionner une autre marque. Toutefois, cette attitude ne doit pas remettre en cause la vraie fidélité du consommateur.

Le consommateur peut aussi exceptionnellement décider de changer de marque face à une offre de la concurrence tellement attractive qu'il ne peut pas la refuser (Naumann et al, 2010).

Le comportement déclaré

Le comportement déclaré consiste à analyser les informations fournies par le consommateur sur ses achats passés ou futurs. S'agissant d'informations purement déclaratives, celles-ci ne peuvent donner que des indications de tendance aux entreprises qui ignorent si les déclarations faites, concernant par exemple les achats passés, sont véridiques et si les déclarations concernant les achats futurs seront réellement suivies par un achat. C'est pourquoi, l'analyse du comportement déclaré est moins utilisée par les entreprises pour définir la fidélité.

Certains chercheurs ont considéré que, pour la mesure de l'intention de comportement futur, on pouvait analyser la volonté du consommateur à recommander une marque auprès de sa famille, de ses amis ou collègues. En effet, un bouche-à-oreille positif peut être considéré comme un signe de fidélité (Johnson et al, 2006). On peut, pour effectuer cette mesure, utiliser le Net Promoter Score (NPS), échelle développée par Reichheld (2003).

En conclusion, l'approche comportementale permet de déterminer le niveau d'achats passés et futurs des consommateurs mais ne permet pas de différencier à elle seule la vraie fidélité de la routine, de l'inertie et du mimétisme. Une mesure uniquement basée sur la transaction ne permet pas, seule, de prédire le comportement futur des consommateurs. Il convient donc de s'intéresser à l'approche attitudinale de la fidélité (Filser, 2007).

L'approche attitudinale

L'approche attitudinale mesure la fidélité en analysant les sentiments et les émotions éprouvés par le consommateur vis-à-vis d'une marque, d'un produit ou d'un service. En effet, un client sera considéré comme fidèle dès lors qu'il développe une attitude favorable envers cette marque.

Les entreprises doivent donc créer un véritable lien avec les consommateurs. Plus le lien sera fort, affectif et durable moins le consommateur sera sensible aux propositions de la concurrence et restera fidèle à la marque. Il existe une relation directe entre la durée et la qualité de la relation et le taux de rétention des clients. Plus le consommateur est satisfait de la marque, plus il devient fidèle. Plusieurs variables permettent de mesurer la fidélité attitudinale comme l'engagement, le risque perçu, l'attachement, la confiance et la satisfaction clients.

L'engagement

L'engagement est une variable clé de la fidélité (Fullerton, 2003). De par son engagement, le consommateur montre sa volonté de rester fidèle, de construire une relation durable, sur le long terme avec la marque (Fournier, 1998). Les entreprises doivent donc établir une relation forte avec leurs consommateurs (Kozinets, 1999). Les nouveaux médias, comme internet et les réseaux sociaux, aident à établir ce lien en permettant aux individus de se regrouper autour d'affinités communes, de centres d'intérêts au sein notamment de communautés de marque.

Il existe deux types d'engagement : l'engagement affectif par lequel le consommateur montre une réelle implication et/ou identification envers la marque (Gabarino et Johnson, 1999; exemple : par l'intermédiaire du bouton «j'aime » de Facebook) et l'engagement calculé ou le consommateur continue à acheter la marque surtout parce qu'il existe des coûts potentiels de changement qu'il ne souhaite pas supporter (Verhoef et al, 2002). Les entreprises ne doivent donc pas considérer ces consommateurs comme des clients fidèles. Les marques auront, de toute façon, de grandes difficultés à établir un lien relationnel avec eux (N'Goala, 2010) car ils ne souhaitent pas s'impliquer.

Le risque perçu

Il existe un lien direct entre le risque perçu et la fidélité clients (Trinquecoste, 2005). En effet, si en changeant de marque le consommateur perçoit un risque, il ne prendra pas la décision de modifier ses habitudes d'achats. Il peut identifier, par exemple, un risque sanitaire, un risque lié à la sécurité ou bien encore à la qualité… Plus le risque perçu est élevé, plus le consommateur est fidèle.

L'attachement

Les consommateurs montrent parfois un réel attachement envers des produits ou des marques. L'attachement à la marque traduit une relation affective durable envers cette marque (Kapferer, 2007) qui pousse même certains consommateurs à les défendre ou à rejeter si nécessaire les autres marques (Sitz, 2008).

La confiance

La confiance a un impact direct sur la fidélité et sur le comportement des consommateurs (Sirieix et Dubois, 1999). Afin d'obtenir la confiance de leurs consommateurs, les marques doivent communiquer régulièrement des informations sur leurs produits, leurs services mais aussi les tenir informés de leur stratégie et jouer au maximum la transparence surtout dans le cadre des ventes effectuées sur internet. En effet, la confiance est une variable clé du e-commerce (Isaac et al, 2008).

La satisfaction

De nombreuses recherches ont démontré le lien entre la fidélité et la satisfaction. La satisfaction est liée à l'exaucement des besoins du consommateur qui juge les performances de l'entreprise par rapport à ses attentes (Kotler et al, 2009) mais aussi par rapport au plaisir que l'acte de consommation lui aura procuré (Olivier, 2010). La satisfaction des consommateurs est donc un indicateur essentiel de la performance de l'entreprise. Le niveau de satisfaction a un impact direct sur la part des dépenses effectuées pour une marque (Perkins-Munn et al, 2005). Toutefois, la satisfaction n'implique pas nécessairement la fidélité clients. Ainsi, selon une étude réalisée (Reichheld et Markey, 2000) 60 à 80% des consommateurs, pourtant satisfaits, n'ont pas l'intention de réitérer l'expérience d'achat de la marque.

En 2000, la mesure de la satisfaction clients a été incluse dans la norme ISO 9001 imposant aux sociétés de collecter et d'analyser les informations sur le niveau de satisfaction. La problématique liée à cette mesure s'est donc imposée au sein des entreprises. Il existe deux types de mesures : les mesures objectives et subjectives.

Les mesures objectives sont réalisées à partir de la collecte d'informations comme par exemple les achats passés (Fidélité comportementale) alors que « *les mesures subjectives tentent de capturer l'expérience subjective des individus* » (Fidélité attitudinale, Vanhamme 2002).

La satisfaction, du fait qu'elle soit à la fois affective et cognitive, ne peut pas être observée directement (Szymanski et Henard, 2001). Plusieurs outils de mesure de la satisfaction, comme l'ASCI : American Customer Satisfaction Index (Claes et al, 1996), l'EPSI : European Performance Satisfaction Index (Eklof et Selivanova, 2008) ou encore le NPS : Net Promoter Score (Reichheld, 2003) ont été développés et utilisés afin de répondre aux besoins des entreprises.

L'approche composite

Dès 1969, Day (1969) suggère d'utiliser une approche combinée dite composite à savoir une approche comportementale et attitudinale. L'analyse de ces deux approches permet une mesure adéquate de la fidélité. En effet, certains chercheurs préfèrent utiliser l'approche composite afin d'affiner la mesure de la fidélité considérant qu'un consommateur est fidèle dès lors qu'il rachète le produit et qu'il montre une attitude très favorable vis-à-vis de la marque (implication, identification etc.).

Conclusion

La fidélité est d'abord cognitive, le consommateur, aidé par les informations dont il a connaissance, va pouvoir procéder à l'estimation des qualités du service ou produit proposé. Dans le cadre de cette démarche, il compare les offres de la marque envisagée avec les concurrents selon différents critères qui peuvent différer d'un individu à un autre comme le prix, la qualité, le service... Une fois le choix de la marque effectué, le consommateur va acheter le produit qu'il considère comme supérieur aux autres. De là, si l'expérience est positive, si le consommateur est satisfait et si la marque établit un lien durable avec lui, peut émerger une fidélité dite affective. A ce stade, deux possibilités : le consommateur peut soit envisager de renouveler l'expérience (fidélité conative), soit passer à l'acte d'achat (Fidélité d'action).

La fidélité clients reste pour les entreprises une préoccupation majeure car elle impacte directement leur situation financière. Elles doivent donc tout mettre en œuvre pour conserver voire améliorer le niveau de fidélité de leurs consommateurs.

Références Bibliographiques

Anderson, E.W, Sullivan M.W (1993) "The antecedents and consequences of customer satisfaction on firms" *Marketing Science*, Vol 12, Issue 2, 125-143

Benavent, C ; Meyer-Waarden, L (2004) « Programmes de fidélisation : Stratégies et pratiques » *Revue Française du marketing* , Issue197, p95-115

Bozzo, C ; Merunka, Dwight ; Moulins, J-L (2003) "Fidélité et comportement d'achat : ne pas se fier aux apparences" *Décisions Marketing*, N°32, 9-17

Crié D. (1996), « Rétention de clientèle et fidélité des clients », *Décisions Marketing*, 7, 25-30, Janvier-Avril

Cunningham, R M. (1961), "Customer loyalty to store and brand", *Harvard Business Review*, Vol 39, Issue 6, 127-137.

Day, G S, (1969), "A Two Dimensional Concept of Brand Loyalty", *Journal of Advertising Research*, Vol 9, Issue 3, 29-35.

Eklof,J; Selivanova.I (2008)"Human Aspect in Service Quality:EPSI benchmark studies" *Total Quality Management & Business Excellence*, Vol19, Issue7/8, 827-841

Filser, M (2007) « Décision, expérience et valeur de consommation - esquisse d'un nouveau cadre théorique pour l'analyse du comportement du consommateur » *Sciences de Gestion*, n° 64,. 27-41

Fornell Claes, Michael D. Johnson, Eugene W. Anderson, Jaesung Cha, & Barbara Everitt Bryant (1996) "The American Customer Satisfaction Index: Nature, Purpose, and Findings" *Journal of Marketing*, Vol. 60, 7-18

Fournier, S (1998), "Consumers and their brands: Developing relationship theory in consumer research", *Journal of Consumer Research*, Vol 24, Issue 4, 343-373

Fullerton, G (2003), "When does commitment lead to loyalty?" *Journal of Service Research*, May2003, Vol 5, Issue 4, 333-344.

Garbarino, E; Johnson M.S (1999)"The different roles of satisfaction, trust, & commitment in customer relationships", *Journal of Marketing*,Vol 63, Issue 2, 70-87

Hart, C.W. L.; Heskett, j; L.; Sasser Jr., W. Earl (1990) "The Profitable Art of Service Recovery" *Harvard Business Review*, Jul/Aug90, Vol. 68, Issue 4, 148-156

Isaac H ; Volle P ; Bréban Y (2008), *« E-commerce: De la stratégie a la mise en œuvre opérationnelle »*, Edition Pearson Education, France

Johnson M.D. ; Herrmann A ; Huber F (2006), "The evolution of loyalty intentions", *Journal of Marketing*, Vol 70, Issue 2, 122-132

Kapferer J-N ; Laurent G (1983) "La sensibilité aux marques : un nouveau concept pour gérer les marques" Paris : Fondation jour de France pour la recherche et la publicité 255 Pages.

Kapferer J-N (2007) *"les marques – capital de l'entreprise"* 4ème édition, éditeur Eyrolles, 813 pages

Kotler, P ; Keller, K ; Manceau, D ; Dubois, B (2009) *"Marketing management "* 13ème edition Pearson Education, 900 pages

Kozinets R (1999)"E-tribalized marketing? The strategic implications of virtual communitles of consumption", *European Management Journal*, Vol 17, Issue 3, 252-264.

Kumar,VP; Andrew.J; Leone R.P (2010)"Driving Profitability by Encouraging Customer Referrals:Who,When, & How" *Journal of Marketing*, Vol74, Issue5,1-17

N'Goala G (2010) "A la découverte du côté sombre des relations de service… ou pourquoi les relations durables et exclusives s'autodétruisent » *Recherches et applications en Marketing*, Vol 25 N°/2010, 30 pages.

Naumann, Earl ; Haverila, Matti ; Sajid, Khan.M. ; Williams, Paul (2010), "Understanding the causes of defection among satisfied B2B service customers" *Journal of Marketing Management*, Vol 26, Issue 9/10, 878-900

Oliver R (1999) "Whence consumer loyalty?" *Journal of Marketing*, Vol 63, 33-44

Oliver, R L (2010) « Satisfaction: A Behavioral Perspective on the Consumer » Editeur: Sharpe, 2nd edition (1ière édition 1997 NY McGrawHill), 544 pages

Perkins-Munn,T; Aksoy, L; Keiningham,T.; Estrin,D (2005)"Actual Purchase as a Proxy for Share of Wallet" *Journal of Service Research*,Vol 7, Issue 3, 245-256.

Reichheld, F F (2003) "The one number you need to grow" *Harvard Business Review*, Vol 81, Issue 12, 46-54

Reichheld, F., & Markey Jr., R. G. (2000). The loyalty effect – The relationship betweenloyalty and profits. European Business Journal, 12(3), 134.

Reichheld, F.F ; Teal, T.A (2001) *A Loyalty Effect: The Hidden Force Behind Growth, Profits, and Lasting Value.* Harvard Business School Press Book- Bain & company Inc, 352 pages

Reinartz, Werner; V. Kumar (2000), "On the Profitability of Long-Life Customers in a Non contractual Setting:," *Journal of Marketing*, Vol 64, Issue 4, 17-35.

Sirieix, L ; Dubois, P-L.(1999), « Vers un modèle qualité-satisfaction intégrant la confiance ? », *Recherche et Applications en Marketing*, vol 14, Issue 3, 1- 22.

Sitz, L (2008) « Les mondes de marques : l'exemple du monde Apple » *Décisions Marketing*, oct-déc2008, Issue 52, 19-30

Stafford, J.E. (1966) "Effect of Group Influences on Consumer Brand Preferences", *Journal of Marketing Research*,, Vol 3, Issue 1, 68-75.

Szymanski D.M; Henard, D.H.(2001)"Customer satisfaction: A meta-analysis of the empirical evidence" *Journal of the Academy of Marketing Science*, Vol29, Issue 1,16-35

Trinquecoste, J-F (2005) « Marketing, Stratégie et Rhétorique » *Décisions Marketing*, N° 37, Janvier-Mars 2005, 77-80

Tsao, Hsiu- Yuan. ; Chen Li-Wei (2005), "Exploring Brand Loyalty from the Perspective of Brand Switching Costs", *International Journal of Management*, Sept2005, Vol 22, Issue 3, 436-441

Tucker W.T (1964), "The Development of Brand Loyalty", *Journal of Marketing Research*, Vol 1, Issue 3, . 32-35,.

Vanhamme, J (2002), « La satisfaction des consommateurs spécifique à une transaction : définition, antécédents, mesures et modes », *Recherches et Applications en Marketing*, Vol 17, Issue 2, 55-85

Verhoef P.C ; Franses P.H ; Hoekstra J.C (2002) "The effect of relational constructs on customer referrals and number of services purchased from a multiservice provider : does age of relationship matter ?" *Journal of academy of marketing science*, Vol 30, Issue 3, 202-216

Troisième Partie :
S'adapter à son environnement

Entrepreneurs comme acteurs du monde l'entreprise à tous les niveaux ne peuvent se contenter de se focaliser sur leur projet, leur entreprise, leur relations internes (managériales, etc.) et externes (relations clients, etc.). Les entreprises n'opèrent pas dans un monde figé, où les seules incertitudes concerneraient la viabilité et la qualité intrinsèques du projet entrepreneurial. Leur environnement européen et international les confronte au contraire à une multitude d'incertitudes et d'évolutions auxquelles elles doivent s'adapter. Sans prétendre à l'exhaustivité, cette troisième et dernière partie entend attirer l'attention sur trois problématiques aujourd'hui incontournables : la mondialisation, l'européanisation et la multiplication de certains risques transnationaux, qualifiés ici de « géopolitiques ».

Chapitre 8
Mobilité des salariés et risque géopolitique : enjeux et responsabilités en matière de Management et de RH

Philippe SPACH
Bastien NIVET

Résumé :

La mondialisation a favorisé une internationalisation des entreprises, et un accroissement des mobilités professionnelles, de courte durée (missions ponctuelles à l'étranger), ou de longue durée (expatriation). Ces mobilités confrontent les salariés à des « risques géopolitiques » multiples appelant des réponses managériales précises. Or, malgré la multiplication des évènements dramatiques (enlèvements, attentats, sabotages, agressions), ce défi est souvent méconnu par les étudiants en école de management et de commerce, voire par les acteurs du monde de l'entreprise eux-mêmes. Sans prétendre à l'exhaustivité, cette contribution entend attirer l'attention du futur salarié et/ou manager sur cette problématique en pleine émergence, en attirant en particulier le regard sur les types de risques rencontrés et les exemples de réponses apportées par les entreprises.

Abstract:

Globalization has favoured an internationalization of companies, and an increase of the short-term (punctual missions abroad), or long-term (expatriation) professional mobility. These mobilities confront the employees with multiple "geopolitical risks" calling for precise managerial answers. Yet, in spite of the multiplication of dramatic events (kidnappings, attacks, sabotages, etc.), this challenge is often underestimated by students in management and business schools, and even by the actors of the business world themselves. Without claiming to exhaustiveness, this contribution intends to draw the attention of the future employee and/or manager on this problem in full emergence, by drawing attention in particular on the types of current geopolitical risks and answers provided by companies.

Introduction

En mai 2013, soixante-neuf personnes, dont trente-sept ressortissants étrangers, étaient tués au cours d'un prise d'otage sur le site gazier d'In Amenas dans le sud de l'Algérie ; en septembre 2010, sept salariés d'AREVA et de Vinci étaient enlevés dans la région d'Arlit, dans le nord du Niger ; au Nigéria, près de deux cent expatriés ont été kidnappés depuis 2006 (la plupart relâchés ensuite sans dommage). Actes de terrorisme et enlèvements ne sont que les évènements les plus visibles et médiatisés d'un phénomène plus large d'exposition des expatriés et contractants au risque géopolitique, entendu ici comme tout risque, humain notamment, issu d'une dégradation de l'environnement sécuritaire à l'étranger, que cette dégradation ait des causes économiques, politiques, sociales, ethniques, religieuses, etc. En internationalisant les activités d'échanges des entreprises (importation et exportation) mais aussi leurs structures (multinationalisation des entreprises) et leur mode opératoire (augmentation des déplacements de salariés à l'étranger), la mondialisation expose les entreprises aux soubresauts d'évolutions géopolitiques qui ne les concernent pas de prime abord mais peuvent affecter non seulement leur activité mais aussi et surtout la sécurité de leurs salariés et contractants.

Ces risques s'ajoutent à la responsabilité des responsables des ressources humaines des entreprises ayant des opérations à l'international d'intégrer les questions que pose la mobilité dans une politique générale de ressources humaines en lien avec la stratégie. Dans le contexte d'une économie mondialisée, d'une compétition mondialisée, envoyer un collaborateur à l'étranger est un défi permanent pour toutes les organisations. Les services de ressources humaines savent gérer techniquement les questions de mobilités internationales, les déplacements de courte, moyenne ou longue durée. Outre les questions liées à la définition et au traitement de la mission elle-même, de la logistique et de la gestion de carrière, il apparait néanmoins que les problématiques de santé-sécurité dans leur globalité ne sont pas systématiquement intégrées à la préparation et à la gestion de la mission elle-même.

Afin de comprendre les implications de ce manque, il est nécessaire dans un premier temps de définir la question de la mobilité internationale, puis de présenter une typologie des risques géopolitiques auxquels les entreprises sont confrontées, avant de dégager des pistes de réflexion quant à une meilleure prise en compte de la problématique du risque géopolitique dans les principes de prévention des risques en matière de ressources humaines.

La mobilité salariale aujourd'hui : formes, définitions, enjeux

La façon de gérer des collaborateurs exerçant leur mission à l'étranger dépend du type d'organisation, de ses marchés, de son style de management, mais aussi des obligations morales et légales qui y sont attachées.

Il y a tout d'abord l'expatriation. Celle-ci est le déplacement pour une durée plus ou moins longue d'un collaborateur qui sera installé dans le pays étranger visé. La réussite de cette expatriation ne se mesure pas seulement dans une perspective de rentabilité à court, moyen ou long terme pour l'entreprise, mais aussi au niveau individuel, pour l'évolution propre de la personne qui effectue la mission (tant au niveau de la carrière qu'au niveau personnel et privé). Si l'expatriation peut revêtir plusieurs formes contractuelles, il n'en demeure pas moins qu'une expatriation représente souvent un coût important, tant en coût direct qu'indirect. Takeuchi et Al dans une étude de 2005, parlent d'un coût variant de 250 000 dollars à 1.25 millions de dollars par expatrié (coûts comprenant la rémunération, les frais de logement, d'assurance, de vie familiale, de retour, etc.).

Cet investissement est fatalement perdu en cas d'échec. C'est d'autant plus douloureux lorsqu'il s'agit d'un échec mettant en jeu « l'humain dans son intégrité ». Ce sera un traumatisme ayant des répercutions à plusieurs niveaux au sein de l'entreprise, voire en dehors. Les conséquences seront multiples. Elles seront humaines (motivation, blessures physiques ou psychiques) sociales (traumatisme collectif, difficulté du dialogue social) économiques (perte d'exploitation, coûts d'assurance civile et éventuellement coût de procédures en pénal, coûts d'avocat en cas de procès, amendes, temps et énergie passée avec les autorités) et en image (perte de confiance tant à l'extérieur qu'à l'intérieur de l'entreprise). L'entreprise devant assurer la santé/sécurité de ses collaborateurs, l'image « employeur » et « partenaire » sera dégradée. Nous ne parlons pas de la dégradation au niveau local (à l'étranger) pouvant également en résulter (Kim et Slocum 2008 – Toh et DeNisi 2005), telle que la dégradation des relations avec les partenaires et autorités locales.

La mondialisation aidant, bon nombre de contrats de collaborateurs ayant la même nationalité que l'entreprise-mère, se signent directement dans le pays où doit avoir lieu la mission, les missions dirigeantes étant généralement exclues de cette tendance, car elles font toujours ou presque l'objet de contrats d'expatriation. Si le coût de gestion de ces collaborateurs est certes moindre au moment du recrutement et de la vie du contrat, s'il advient un problème de santé/sécurité de par la nationalité du contractant (enlèvement par exemple), la dégradation globale augmentera considérablement les couts indirects. Ceux-ci sont généralement non pris en compte par d'éventuelles assurances.

Par-delà l'expatriation, les déplacements ponctuels sont quant à eux de plusieurs natures. Il y a les voyages de moyenne durée, plusieurs semaines à plusieurs mois (un lancement d'une ligne de production, une étude sur le plan local, etc.), qui nécessitent quasiment la même logistique qu'une expatriation. Seul le salaire conservera son caractère « national » et l'aspect familial sera ainsi en partie éludé. Néanmoins, il faudra bien louer un logement, un moyen de transport, une mise en sécurité éventuelle du périmètre de vie, provisionner des primes liées au déplacement. Les déplacements de courtes durées, plusieurs heures à plusieurs jours (une réunion, une visite, un contrôle, un audit, etc.), s'ils sont fréquemment utilisés, sont de plus en plus remis en cause en fonction des critères de risques encourus, lorsqu'ils sont connus et discutés en fonction des budgets alloués. Hélas, en matière de prévention des risques, ce sont souvent sur ces derniers « déplacements » que l'attention ne se porte pas, ou mal. D'autant plus que selon le Cabinet Aberdeen Harte-Hanks dans une étude de 2013 les entreprises ont une faible visibilité des dépenses réelles de voyages ponctuels. Ceci s'explique par le fait que bon nombre de services au sein des entreprises utilisent leur propre budget pour ceux-ci, ce qui échappe au regard immédiat du contrôle de gestion ou des services de ressources humaines. « Penser aux risques » nécessite une maturité managériale mettant la préservation de l'Homme au centre de la préoccupation du manager de proximité, ce qui est loin d'être le cas pour une grande majorité des managers (tout dépendra de la forme de l'évaluation de leur performance). La visibilité devient la « pierre angulaire » pour opérer un contrôle positif et efficient. Toujours selon cette étude, les entreprises ayant des marchés internationaux ont des activités (donc des frais) de représentation qui peuvent constituer jusqu'à 10% du budget. Les notions de Visibilité – Contrôle – Accompagnement, tant sur le plan budgétaire qu'en Ressources humaines, demeurent plus évidentes pour les grandes organisations que pour les PME/PMI.

S'il est vrai que nous assistons à une diminution globale du nombre d'expatriés, il est aussi certain que le nombre de déplacements professionnels marque une baisse régulière à son tour. Les chiffres publiés par *Eurostats* donnaient une baisse sensible de -11% pour 2011, avec la même tendance pour les 3 années suivantes. La crise européenne n'explique pas tout de cette chute. La volonté de réduire les coûts est une certitude, et certaines destinations jugées plus coûteuses en matière de risques (géopolitiques - criminels – infrastructures) font réviser les nécessités de déplacements. Cet argument financier associé à celui des mesures de prévention technique aborde la question cruciale à chaque voyage, ou presque : *Est – il indispensable de se déplacer ? Ne peut-on remplacer celui-ci par une Visioconférence ou un autre système collaboratif à distance ?* Les entreprises décideront des déplacements en fonction de la nature et de l'objectif de celui-ci.

Selon l'étude de Harte-Hanks (2013), le nombre de déplacements ponctuels, qui ne change en rien la nature du risque, avait considérablement augmenté entre 2006 et 2008. Partir ponctuellement devait coûter bien moins cher que de s'expatrier. Conjuguant l'augmentation des risques, leur prise en compte et leurs coûts de couvertures additionnés avec les coûts des simples déplacements, il devient plus difficile de réaliser des économies. Ceci oblige donc les entreprises à revoir leurs conditions de déplacement et/ou à rechercher des mesures de réduction de la distance qui sont autant de moyens de prévention technique. Les formations managériales liées à l'expatriation doivent aider les acteurs concernés en les impliquant dans l'analyse des risques et la définition des moyens de prévention.

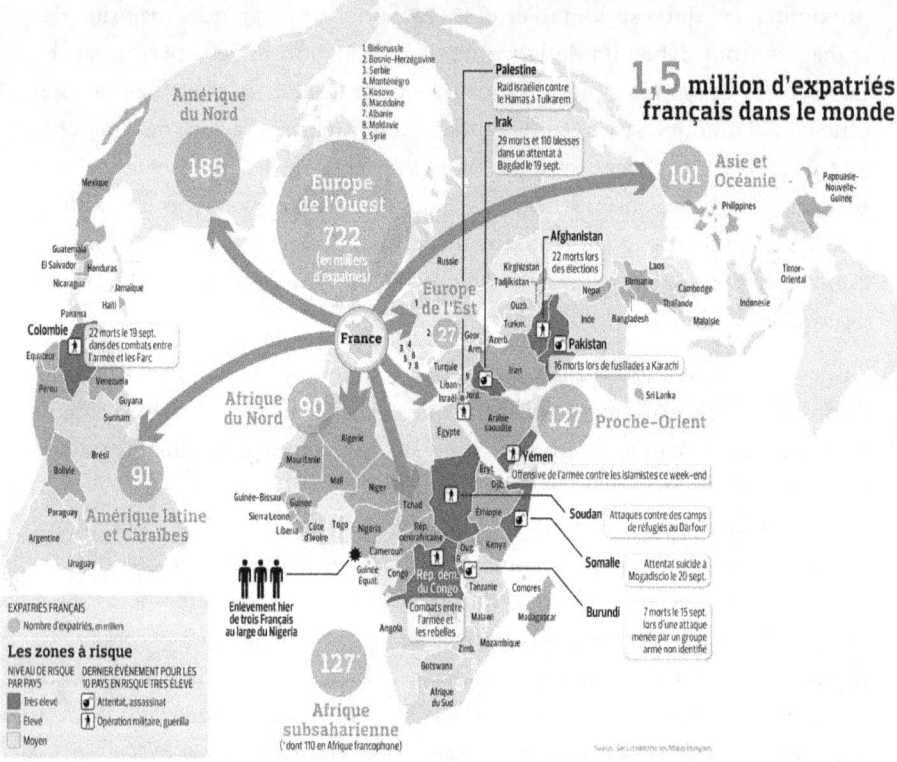

Carte 1. : Où sont les expatriés français dans le monde ? Source : Le Figaro, 2010.

Il est évident que les entreprises devant recourir à de l'expatriation sont également à la recherche de réduction de coût de masse salariale ou annexes à celle-ci. Les entreprises n'expatriant pas leur personnel mais ayant des marchés qui s'ouvrent dans le reste du monde missionnent des collaborateurs pour de courts ou moyens séjours à l'étranger. Toute organisation, toute entreprise travaillant à l'international favorise les échanges et les voyages. Un salarié peut donc être amené à se déplacer à l'étranger sans être un « expatrié ». Dans ce cas, mis à part le coût du voyage lui-même et une éventuelle assurance rapatriement (dans le meilleur des cas) les risques géopolitiques ou de santé spécifiques ou même les risques environnementaux sont peu pris en compte par le management direct ou les directions de ressources humaines. A l'exception bien entendu des pays très médiatisés pour lesquels ces risques sont évoqués quasi quotidiennement dans la presse.

Dans l'étude de Cerdin et Le Pargneux en 2009, les auteurs comparent les critères de réussite ou d'échec des expatriations dans différentes études sur le sujet de la réussite de la mobilité internationale. Sans prendre en considération les crises internationales éventuelles, il est notable que sur 52 études réalisées, 3 seulement font ressortir des causes d'échecs dues à une problématique de santé ou de sécurité.

Risques géopolitiques et mobilités des salariés : quels sont les risques et comment les identifier ?

Si les prises d'otage et exécutions de salariés occidentaux par des groupes terroristes islamistes radicaux ont été fortement médiatisés, ils ne constituent qu'un type et qu'une minorité, certes dramatique, des risques géopolitiques auxquels des salariés en expatriation peuvent être confrontés.

Le tableau 1 présente une typologie des risques géopolitiques auxquels ont été confrontés des expatriés (européens en particulier) au cours des dernières années, à partir d'exemples concrets :

Exemples d'évènement touchant des entreprises et leurs salariés	Type/Nature de risque	Acteurs ciblés	Localisation géographique potentielle	Niveau de risque (organisationnel et/ou humain)
- World trade centre 2001 (New-York) - Karachi (2002) - Bali (2002) - Arlit (Niger, 2013)	Attentat	États, individus, organisations	Universelle ou presque	Humain surtout
- Niger (2010) -Nigéria (enlèvements	Enlèvement et/ou prise d'otage	Individus	Bande sahélienne, Asie, Amérique centrale et du Sud,	Humain

			Amérique du nord (Mexique)	
réguliers sur les dernières années)				
-Nigeria (2010, 2013, 2014)	Sabotage	Organisations, ressources	Afrique, Asie	Organisation
- Cameroun (2012) - Madagascar (2012) - Algérie (2014)	Assassinat	Individus, organisations	Principales zones à risque : Afrique, Amérique du sud et du Nord (Mexique).	Humain
- Agressions de salariés étrangers (cas quotidiens et répartition géographique universelle	Agressions	Individus	Universelle	Humain
- Côte d'Ivoire (2000, 2011)	Détérioration majeure du climat politique, sécuritaire et/ou social, entrainant évacuation ou protection des ressortissants	Organisations et individus	Potentiellement universelle	Organisations, Humain

Tableau 1 : Une typologie des risques géopolitiques. Réalisé par les auteurs.

Les différentes destinations d'expatriation sont bien entendu inégalement affectées par ces risques. Certaines en sont relativement exemptes ou présentent une exposition de faible intensité, alors que d'autres pays ou zones cumulent diversité des risques et forte occurrence. Disposer d'une évaluation concrète des risques et de leur prévalence selon les pays ou zones dans lesquels des salariés sont envoyés en expatriation ou en mission de courte durée peut s'avérer difficile pour les entreprises. La plupart d'entre elles ne disposent pas en interne de capacités d'analyse ou d'anticipation de ces risques, et doivent donc s'en remettre à des analyses ou informations externes, ouvertes ou non.

Des acteurs privés ou publics peuvent les aider à pallier à ces difficultés. Des centres de recherche ou d'information indépendants, comme l'Institute for Economics and Peace, publient par exemple des informations sur les contextes sécuritaires par pays et par continent.

La carte 2 est un exemple de représentation de l'intensité du risque fournit par ce centre de recherche :

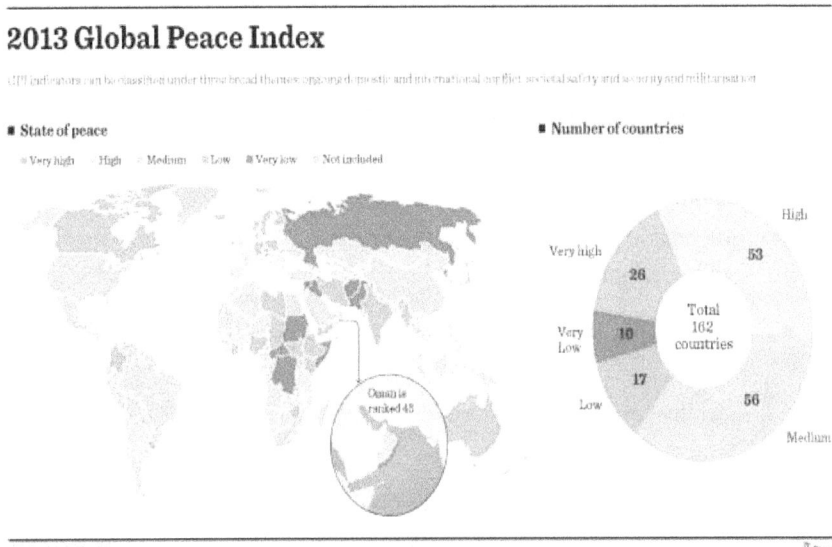

Carte 2 : Une représentation géographique du risque, par pays
Source : Institute for Economics and Peace (visionsofhumanity.org)

Cette carte, représentant un indicateur global agrégeant de multiples critères (sécuritaires, sociaux, etc.), illustre néanmoins les limites d'une évaluation « globale » des risques, par pays ou par zone. Un pays comme le Niger, marqué par de multiples enlèvements et attentats contre des occidentaux au cours des dernières années, y figure comme moins risqué que la Russie et comme aussi risqué que les États-Unis. Cette fragilité rappelle que le « risque géopolitique » est multiple, et que les expatriés et responsables managériaux ne peuvent se contenter d'une information globale et superficielle des risques mais doivent pouvoir disposer d'informations précises sur les types d'instabilités et de facteurs de risques concrets présents dans tel ou tel pays, voire dans telle ou telle région ou ville à l'intérieur d'un même pays.

Plusieurs canaux d'informations peuvent être utilisés par les entreprises et leurs salariés pour obtenir cette information. Des entreprises privées, spécialisées dans le conseil et l'assistance à la sécurité, peuvent fournir des services en matière d'identification des risques et de solutions de prévention ou de réponse à ces risques. Des administrations publiques, telle que la Coface ou les ministères de la Défense et des Affaires étrangères pour le cas français, apportent aussi des informations, gratuites et accessibles, sur la situation dans l'ensemble des pays de la planète[17]. Le ministère des Affaires étrangères propose même désormais un service de « suivi » des expatriés, baptisé Ariane, et permettant notamment aux autorités de savoir « où se trouvent » des expatriés français en cas de crise[18].

Tout en tenant compte des nuances et précautions soulignées ci-dessus, on relèvera que ces différentes sources font ressortir comme principales zones de risque à l'heure actuelle :

- Certains pays d'Afrique subsaharienne : Nigéria, Niger, Somalie en particulier
- Certains pays d'Amérique du sud: Colombie, Brésil, Equateur, Venezuela
- Le Mexique
- Les pays du Moyen-Orient en situation d'instabilité : Yemen, Syrie, Irak,
- Certains pays d'Asie : Afghanistan, Pakistan

Plus encore, l'identification de pays ou zones à risque doit être nuancée ou approfondie au regard du contexte entrepreneurial et individuel de l'expatriation ou de la mobilité. Le secteur dans lequel opèrent les salariés peut avoir un impact, des secteurs comme l'industrie pétrolière au Nigéria ou l'extraction d'uranium au Niger ayant attisé des risques car ces secteurs sont sensibles et correspondent à des ressources perçues par certaines populations locales à travers le prisme des inégalités nord-sud ou d'une spoliation de ressources locales par des entreprises « du nord ». Aussi, des

---

[17] Le ministère français des Affaires étrangères et européennes centralise ainsi les informations aux voyageurs (à des fins professionnelles comme de tourisme) sur son site Internet à partir de 1 page suivante : http://www.diplomatie.gouv.fr/fr/conseils-aux-voyageurs/.

[18] https://pastel.diplomatie.gouv.fr/fildariane/dyn/public/login.html

comportements individuels peuvent influencer, de façon positive ou négative, l'exposition au risque. Le non-respect des règles comportementales élémentaires ou imposées par l'environnement social et culturel local est par exemple une cause fréquente d'agression ou d'enlèvement d'expatriés à l'étranger.

Enfin, il convient de réintégrer ces risques géopolitiques dans une prise en compte plus large des « risques en déplacement ». Les voyages à l'international, sous toutes leurs formes, présentent des risques pour la santé et pour la sécurité des salariés, selon l'état sanitaire du collaborateur et du pays visité :

- Des risques liés aux voyages eux mêmes : Aérien, routier, conditions sanitaires différentes, météo, infrastructures, lois spécifiques liées à des comportements, prise en compte de la santé même du collaborateur au moment de son voyage, décalage horaire, organisation, etc. ;
- Des risques liés au séjour lui-même : biologie, température, hydrométrie, exposition aux ultras violets, trajets sur place, criminalité, respect de la vie privé, sécurité des locaux, qualité des standards de lieu de résidence, etc.
- Des risques psychologiques liés au séjour ; qualité des relations diplomatiques avec le pays visité, qualité médiatique vis-à-vis du pays d'appartenance, pression exercée par les partenaires locaux ou ceux de la maison mère, stress du à des incompréhensions d'ordre culturel, moments particuliers de crise dans la vie politique locale, charge et rythme de travail différents, etc.

Enfin et surtout, les conditions de la mobilité et la prise en compte en amont et *in situ* des potentiels risques peuvent impacter fortement sur l'intensité de l'exposition au risque. Cela pose la question de la juste prise en charge des risques potentiels dans la gestion de la mobilité salariale en amont, durant et en aval du déplacement ou de l'expatriation.

Exposition au risque géopolitique et gestion de la mobilité salariale

L'entreprise a l'obligation d'assurer la santé et la sécurité de son personnel, où que ce soit à partir du moment où ce collaborateur assure une mission pour le compte de l'organisation qui le mandate. Cette responsabilité est celle de l'employeur. L'entreprise qui est une entité morale et le chef d'entreprise qui en est le représentant comme personne physique se doivent d'assumer cette responsabilité. Ce qui signifie devoir répondre d'un dommage et d'en assumer les conséquences, tant civiles que pénales. Pour la loi Française – art L411-1 du code de la sécurité sociale « *est considéré comme accident du travail, quelle qu'en soit la cause, l'accident qui survient par la fait ou à l'occasion du travail à toute personne salariée ou travaillant, à quelque titre que ce soit* ». Le caractère de la mission est ainsi lié par le lien de subordination. Certaines rares entreprises, en particulier Anglo-Saxonnes, vont jusqu'à éditer une liste de comportements et d'actions à proscrire, des bonnes pratiques à mettre en œuvre, faute de quoi, « l'assureur » exclura une prise en charge si le collaborateur s'est lui-même soustrait à cette subordination. Naturellement cela n'est pas si simple dans les faits. Il en va du même principe pour la prise en charge d'une maladie professionnelle : même si là également le principe est connu, la prise en charge réelle est moins évidente. Le principe en question est qu'« *Une maladie est reconnue professionnelle si elle est la conséquence directe d'une exposition à un risque physique, chimique, biologique ou résulte des conditions d'exercice de l'activité* », d'après l'article L461-1 du code de la sécurité sociale.

Bien entendu, afin d'être réaliste dans cette pratique, les principes de prévention sont, de fait, délégués au plus près du terrain, ce qui revient à impliquer le management de proximité. L'accord interprofessionnel du 10 avril 1983 est explicite : « *il entre dans la vocation du personnel encadrant d'appliquer ou de faire appliquer la réglementation sur la sécurité et de veiller à l'amélioration de la prévention au regard du personnel placé sous son autorité* ». Nous pouvons mesurer la maturité managériale, et donc son lien entre maturité sociale et réalité de développement, par les résultats publiés d'accidentologie (Taux de fréquence accident par exemple). Ces données sont obligatoirement publiées et notamment présentes dans le bilan social :

nombre d'accidents (distingué entre accidents avec arrêt et sans arrêt) divisé par la somme des heures travaillées. Ce qui revient à présenter un nombre d'accidents par million d'heures travaillées. Ce ratio devient un indicateur de performance sociale des entreprises. Un management mature maitrise ses risques et limite donc le nombre de ses accidents. Ce n'est jamais le fruit du hasard. Les entreprises ne sont pas toutes exemplaires dans l'appropriation et l'application des principes de prévention des risques et encore moins lorsqu'il s'agit d'appliquer ces principes à des matières dont la maitrise peut échapper à l'entreprise. C'est le cas des risques psychosociaux lors des déplacements à l'étranger, difficiles à identifier, difficiles à évaluer et encore plus difficile à prévenir. Nombreux sont les exemples de grandes entreprises qui intégrèrent cette problématique « voyages » mais de façon assez libre. Les managers de proximité, aidés des services de médecine du travail, proposent d'y porter une attention particulière, mais la réalité est toute autre. Les collaborateurs partent souvent avec juste dans leur portefeuille une carte « SOS assistance », et la hiérarchie considère que cela est suffisant… S'il s'agit de se rendre dans un pays à risque, un service spécialisé, souvent déconnecté des DRH et de leur service de santé/sécurité ou conditions de travail, vient « expliquer » les précautions à prendre. Les enjeux ne sont ni compris, ni véritablement intégrés dans les analyses de risques et les mesures de prévention coordonnées qu'elles nécessitent. Que dire alors des petites et moyennes entreprises ?

Les obligations légales et éthiques sont pourtant bien présentes. Sans entrer dans les détails dès la loi du 31 12 1991, neuf principes sont édictés :

1. Eviter les risques.
2. Evaluer les risques qui ne peuvent être évités.
3. Combattre les risques à la source (obligation de mettre en œuvre des principes de prévention).
4. Adapter le travail à l'Homme.
5. Tenir compte de l'évolution de la technique.
6. Remplacer ce qui est dangereux par ce qui l'est moins.
7. Planifier la prévention en y intégrant dans un principe cohérent la technique, l'organisation du travail, les relations sociales et l'influence des facteurs ambiants.
8. Prendre des mesures de protections collectives en leur donnant la priorité sur les protections individuelles.
9. Donner les instructions appropriées aux collaborateurs.

Puisque ces principes de base ont été relativement peu respectés, le législateur a ajouté à la loi du 31.12.91 l'obligation de « résultat » en exigeant par décret en novembre 2001 la rédaction d'un document unique récapitulant l'ensemble des risques identifiés, leur évaluation, les mesures de prévention que l'entreprise compte mettre en œuvre, les protections envisagées, leur suivi qualitatif et la nécessaire collaboration entre dirigeants et représentants du personnel.

Pour que cette responsabilité puisse être correctement exercée, l'identification des risques se doit d'être exhaustive. Les entreprises n'ont pas de difficultés majeures pour identifier et évaluer les risques directement liés à leur activité. Bien souvent ce sont des risques techniques et organisationnels. Les risques liés à des activités tertiaires, de déplacements, de voyages, risque psychosocial ont souvent été mis de coté, pour des raisons de périmètres difficilement maitrisables. Si nous nous intéressons aux seuls risques liés aux voyages, il est constaté un faible degré de prise en compte dans les principes cités plus haut. Dans le meilleur des cas, les expatriés ont un traitement de ces risques « déplacement – expatriation » délégué à des services spécialisés avec un réel accompagnement des patries prenantes. Certaines grandes entreprises vont intégrer les « risques déplacements voyages » dans leur management. Elles le feront en créant un lien proactif avec les services de santé au travail et sont animées par une maturité managériale réelle dans l'intégration de la prévention des risques dans le quotidien. Hélas, ce sont deux facteurs qui sont rarement réunis et toutes les entreprises ne le font pas. Même dans ces grandes entreprises où les processus invitent à cette prise en compte, la rapidité d'exécution, l'illusion d'une lourdeur administrative, mettent en évidence un système « patchwork » où chaque collaborateur peut être géré différemment par son responsable. Certains collaborateurs « subiront » la prévention, d'autres n'y penseront même pas et cela ne sera même pas présent dans les indicateurs de performance du manager responsable.

Les déplacements dans certaines zones font quelques fois l'objet de traitement spécifique. Mais souvent, le management en reste à la transmission d'information et à des rappels simples de comportements à tenir en cas de problème. Ces salariés sont soumis à des situations dangereuses qui ne font pas suffisamment l'objet d'une prise de conscience ni de mesures de prévention intégrées.

Certaines mesures de prévention peuvent être prises. Elles sont d'ordre organisationnel, technique ou informationnel mais se limitent trop souvent à deux ou trois types de mesures : une formation à l'interculturel, à la dotation d'une carte d'assurance internationale en cas de problème de santé et dans le meilleur des cas à une visite préventive chez le médecin de travail. Pourtant la prévention des risques professionnels lors de missions et de voyages à l'étranger, dans des pays géopolitiquement, connus comme étant à risque ou non, requière une intégration réelle dans le management de ses équipes.

La réalité est que si les grandes entreprises internationales y prêtent attention avec un succès mitigé (elles sont souvent dans l'obligation de l'inscrire dans leurs critères politiques santé/sécurité ou Responsabilité Sociale en fonction des normes auxquelles elles adhèrent), les petites et moyennes entreprises ne s'en occupent que très peu. Tous les salariés – voyageant ne sont pas logés à la même enseigne. Il serait aussi utile d'étudier et comparer ce qui est fait par catégorie de salariés-voyageurs au sein d'une même entreprise.

Que nous soyons dans des risques géopolitiques bien identifiés ou dans l'intégration des risques « voyages » dans la prévention des risques, des efforts restent à être engagés. Ils doivent l'être dans les principes politiques de l'entreprise, dans l'intégration de ces risques dans les activités, et surtout ; ils doivent être coordonnés. Leur traitement doit être organisé autour des services compétents en interne (DRH, Service des Conditions de travail, Service de santé médecine du travail) et doit être mesuré comme n'importe lequel des indicateurs de performance de l'entreprise, au niveau des services et de leur responsable respectif. Cela doit faire partie des indicateurs de progrès et doit permettre, outre en premier lieu de limiter les dommages de santé/sécurité que peuvent subir les collaborateurs, optimisant ainsi les réussites sur les marchés extérieurs.

Il existe aujourd'hui peu de travaux, dans le champ académique, ayant ambitionné de comparer et de recenser ces adaptations ou modes de gestion du « risque en mobilité » par les entreprises. Les tableaux 2 et 3 tentent d'en opérer une première classification, indicative à ce stade.

Enjeux ----------- Types de mesures	Identification des risques	Prévention de l'occurrence des risques	Protection des salariés en déplacement et expatriés
Interne :	Auto-information des salariés à partir de source ouvertes	Information et sensibilisation des salariés	Suivi et contact régulier des expatriés et salariés en déplacement
	Réalisation d'un travail de veille par un service dédié	Annulation ou report de déplacements ou d'expatriation, rapatriements	Mise à disposition sur place de capacités d'information et/ou de protection
Externe :	Recours à des informations fournies par des sociétés spécialisées	Recours à des sociétés de conseil ou d'analyse des risques	Recours à des sociétés de sécurité privées, locales ou internationales
	Recours à des informations fournies par des administrations publiques		Appui sur les autorités locales compétentes si la situation du pays le permet

Tableau 2 : Modalités d'indentification et de prévention des risques

Développement de la compétence en interne	Création d'un service sécurité englobant la sécurité dans toutes ses composantes, y compris la sécurité des expatriés et salariés en déplacement (mais aussi infrastructures, informatique, etc.).	Création d'un service dédié « mobilité-expatriation », au sein des services des ressources humaines ou à un niveau supérieur	Prise en compte de la sécurité en mobilité comme un enjeu parmi d'autres au sein de la Direction des ressources humaines	Pas de prise en compte spécifique
Externalisation de la compétence	Recours, à une société de sécurité ou de risque prenant en charge à la fois l'identification des risques et fournissant des solutions pour l'entreprise et ses salariés	Recours à des expertises ou conseils extérieurs par les services dédiés (RH et mobilité notamment)	Prise en compte, de façon *ad hoc*, des informations ouvertes fournies par des acteurs tiers par les salariés concernés par les déplacements	Aucun recours à un acteur extérieur

Tableau 3: Modalités d'intégration de la dimension « sécurité en mobilité » dans l'entreprise

Conclusion et pistes de réflexion

L'accroissement des mobilités professionnelles dans le contexte de la mondialisation a augmenté le niveau d'incertitude, de vulnérabilité et d'exposition au risque des entreprises et des salariés en mobilité. La multiplication des entreprises ou sociétés de conseil proposant des informations ou services pour prévenir ou limiter ces risques atteste de l'importance de ces enjeux. La sécurité est même devenue un secteur économique porteur. Paradoxalement, la façon dont les entreprises et leurs salariés vivent, s'adaptent, se structurent pour faire face à ces risques reste méconnue.

Bibliographie / Lectures recommandés :

Cerdin, J. L., & Le Pargneux, M. L'impact de la carrière sur la réussite individuelle de la mobilité internationale. Proposition de communication *5èmes journées d'étude sur les carrières*, Lyon 22-23 mai 2008.

Dalmas M., Nivet B. et Spach P. (2014), « Ressources humaines et risque géopolitique : un enjeux managérial majeur, un agenda de recherche à construire », *Questions de Management* n°8 (décembre 2014).

Harte-Hanks (2013). Votre guide 2013 pour la gestion des déplacements et frais professionnels. Disponible sur:
https://www.concur.com/sites/default/files/lp/pdfs/aberdeen_guide_201 3_pour_la_gestion_des_deplacements_et_frais_pro.pdf

Kim, K., & Slocum Jr, J. W. (2008). Individual differences and expatriate assignment effectiveness: The case of US-based Korean expatriates. *Journal of World Business*, 43(1), 109-126.

Takeuchi, R., Marinova, S. V., Lepak, D. P., & Liu, W. (2005). A model of expatriate withdrawal-related outcomes: Decision making from a dualistic adjustment perspective. *Human Resource Management Review*, 15(2), 119-138.

Toh, S. M., & DeNisi, A. S. (2005). A local perspective to expatriate success. The Academy of Management Executive, 19(1), 132-146.

Chapitre 9
L'entreprise dans l'environnement européen : position, opportunités, contraintes

Bastien NIVET

Résumé :

L'Union européenne (UE) est le cadre institutionnel, politique et législatif dans lequel se décident de nombreuses politiques ou évolutions réglementaires affectant les entreprises, leur environnement et leurs acteurs. Elle reste pourtant méconnue des acteurs du monde de l'entreprise. Sans prétendre combler à lui seul cette lacune, ce chapitre entend présenter aux étudiants et enseignants en école de commerce quelques repères clés pour y contribuer. Le fonctionnement et les pouvoirs de l'UE sont en premier lieu rappelés. Les différents points d'entrée possibles des acteurs du monde de l'entreprise dans le processus décisionnel européen sont ensuite présentés. Enfin, la question de la plus-value de l'appartenance à l'UE pour les entreprises européennes est posée.

Abstract:

The European Union (EU) is the institutional, political and legislative framework where numerous policies or legal evolutions affecting companies, their environment and their actors are being decided. It remains nevertheless little known by the actors of the business world. Without claiming to fill alone this gap, this chapter intends to present to the students and the teachers in business schools some key elements to contribute to it. The functioning and the powers of the EU are first of all reminded. Various possible entry points for the actors of the business world in the European decision-making system are then presented. Finally, the question of the added value of EU membership for European companies is dealt with.

Introduction

Alors que l'Union européenne (UE) est un acteur déterminant de l'environnement géopolitique, économique, juridique et réglementaire des entreprises, les formations censées former de futurs cadres sont souvent dépourvues de contenus sur les réalités européennes. Les questions européennes font l'objet de formations spécifiques (droit européen, droit européen des affaires, etc.), mais n'ont que rarement réussi à s'imposer comme une composante incontournable des formations et parcours transversaux ou généralistes en sciences de gestion.

Sans prétendre combler en quelques lignes ce décalage, cette contribution entend initier l'étudiant au fonctionnement de l'UE et attirer l'attention des étudiants et enseignants d'écoles de management et de commerce sur l'importance de l'ouverture aux réalités européennes des futurs cadres.

Une première partie rappelle ce qu'est l'UE et son mode fonctionnement. Sont ensuite présentés les rôles et outils de l'UE en tant qu'acteur législatif et réglementaire impactant fréquemment le monde de l'entreprise. Enfin, une troisième et dernière partie invite le lecteur à s'interroger sur les modalités, pour les acteurs du monde de l'entreprise, de tirer partie de façon optimale de l'UE, d'en saisir les opportunités en en minimisant les contraintes.

L'UE : un système institutionnel et décisionnel complexe, au service de politiques variées

L'UE, qui regroupe aujourd'hui vingt-huit États membres, n'est ni une organisation régionale, ni un État fédéral ; ni un simple marché ni une puissance politique ou stratégique. Elle n'est rien de tout cela mais un peu de tout cela en même temps. A défaut de pouvoir définir clairement le système politique (Quermonne 2010, Magnette 2009, Hix et Hoyland 2011) qu'elle incarne, ou le type d'acteur international qu'elle représente (Nivet 2013), elle peut être abordée plus pragmatiquement par les institutions qui la constituent et leurs principaux domaines d'activité.

Qui décide dans l'UE ?
Des institutions aux pouvoirs clairement délimités

- **Le Conseil européen** regroupe les chefs d'États et de gouvernement des États membres, dont les réunions forment les « sommets européens ». Il négocie et ratifie les traités européens, décide des grandes orientations politiques de l'UE, du lancement de nouvelles politiques communes. C'est aussi lui qui propose, par exemple, le président de la Commission européenne et les commissaires européens.

- La Commission européenne, composée d'un commissaire par États membres, incarne dans l'UE l'intérêt européen collectif, supranational. Elle exerce principalement un rôle d'initiative en matière de législation européenne (elle propose les projets de directives), mais aussi un rôle exécutif (mise en œuvre des traités, politiques et décisions européennes), de gardienne du droit européen (elle veille au respect des règles dans et par les États membres). En dehors des 28 commissaires, la Commission européenne, c'est aussi une administration de près de 35.000 fonctionnaires européens.

- **Le Conseil de l'UE**, sorte de « conseil des ministres de l'UE », réunit les ministres des États membres en différentes formations selon les sujets ou politiques à traiter. Il existe par exemple un conseil « agriculture », regroupant les 28 ministres de l'agriculture, un conseil « EcoFin » regroupant les 28 ministres de l'économie et des finances, etc. Le Conseil partage le pouvoir législatif avec le Parlement européen : à eux deux, ils adoptent les « lois européennes ». Le Conseil exerce aussi des fonctions décisionnelles particulières dans des domaines politiques intergouvernementaux comme la politique étrangère. En dehors des réunions formelles des ministres, le Conseil de l'UE, c'est aussi une administration de près de 3.500 personnes basées essentiellement à Bruxelles.

- **Le Parlement européen**, composé de 751 eurodéputés élus au suffrage universel direct dans les 28 États membres de l'UE, partage le pouvoir législatif avec le Conseil de l'UE, de même que la compétence budgétaire (adoption du budget communautaire).

Les eurodéputés y agissent dans le cadre de groupes politiques européens et non en tant qu'élus représentant leur pays d'origine.

En dehors de ces principales institutions européennes, d'autres organes agissent aussi au quotidien au sein de l'UE : la Cour de justice, dont la responsabilité est de veiller à la bonne application du droit communautaire; le Comité économique et social (où des acteurs du monde de l'entreprise sont représentés) et le Comité des régions, incarnant la consultation et la prise en compte des réalités locales et de la société civile dans le système décisionnel européen ; la Cour des comptes européenne, veillant au bon usage des fonds européens ; le Médiateur européen ; la Banque centrale européenne, organe monétaire et financier des dix-huit États membres ayant adopté l'Euro comme monnaie unique.

Une grande variété de politiques : de quoi s'occupe l'UE ?

Les soixante quatre ans d'intégration européenne ont conduit à l'accumulation de compétences par l'UE. A la première communauté européenne consacrée au charbon et à l'acier (CECA, créée en 1951) s'est ajoutée en 1957 la Communauté économique européenne (CEE, créée par le Traité de Rome de 1957) mettant en place un marché commun, puis l'Acte unique européen en 1987 ouvrant la voie au marché intérieur européen et enfin le Traité sur l'UE signé à Maastricht en 1991 (et ses révisions successives) créant formellement l'UE et complétant le marché intérieur par une « Union politique » et la perspective de l'Union économique et monétaire (UEM). Cette extension progressive a donné sa forme et son contenu actuels à l'UE. A des fins de simplifications, nous distinguerons ici les politiques internes, destinées à faire fonctionner et accompagner le marché intérieur, et les politiques extérieures de l'UE, destinées à promouvoir ou défendre les intérêts et valeurs de l'UE sur la scène internationale.

Les politiques « internes de l'UE » concernent par exemple:

- Les politiques destinées à faire fonctionner le marché intérieur : politique de concurrence, politique industrielle, politique agricole commune, etc. Ce sont elles qui sont productrices de règles et normes européennes auxquelles les entreprises doivent faire face.

- Les politiques destinées à aider les États ou acteurs européens à faire face aux pressions du marché intérieur : politiques de développement régional, politique sociale, politiques de cohésion économique et sociale, etc.

Les politiques externes de l'UE concernent par exemple :

- Des politiques qui sont le prolongement extérieur du marché intérieur : politique commerciale.
- Des politiques destinées à apporter une contribution à des régions en difficultés : politiques de coopération et d'aide au développement, politique d'aide humanitaire.
- Des politiques destinées à défendre la sécurité, les intérêts et valeurs de l'UE sur la scène internationale : politique étrangère et de sécurité (PESC) et politique de sécurité et de défense commune (PSDC).

La répartition des compétences entre l'UE et les États n'est pas identique sur chacune de ces politiques. Certaines sont dites de compétence exclusive, c'est-à-dire qu'elles se décident exclusivement au niveau européen. C'est le cas de la politique commerciale ou de l'Union douanière par exemple. Certaines sont dites partagées, c'est-à-dire que l'UE et les États membres en partagent la responsabilité. C'est le cas du marché intérieur, de l'agriculture et de la pêche, des politiques de coopération et d'aide au développement, etc. D'autres enfin sont dites « compétences d'appui », le rôle de l'UE n'étant que d'accompagner ou aider les États membres qui demeurent largement souverains sur ces enjeux. C'est le cas par exemple de l'industrie ou de l'éducation.

Le système décisionnel européen : quelle place et quelle ouverture aux acteurs du monde de l'entreprise ?

La façon dont se décident, se prennent et s'appliquent les règles européennes est souvent méconnue du grand public, y compris des acteurs du monde de l'entreprise. La pauvreté des débats publics et du traitement médiatique sur les questions européennes en France n'aide pas. Or, si ce système décisionnel est complexe dans ses détails, il est facilement compréhensible dans ses grandes lignes et ses grands principes.

Le processus décisionnel de l'UE

Le cadre général dans lequel se prennent les décisions européennes (répartition des compétences entre institutions, types de politiques mises en œuvre par l'UE, grandes orientations de ces politiques) est fixé dans les Traités (Traité de Rome, Traité de Maastricht, etc., le Traité de Lisbonne de 2007 étant le plus récent). Ceux-ci sont négociés et signés par le Conseil européen, et ratifiés dans chaque État membre, par voie parlementaire ou référendaire selon les pays.

Au quotidien un « triangle institutionnel » composé de la Commission européenne, du Conseil de l'UE et du Parlement européen décide et met en œuvre les actes législatifs européens (directives, règlements, etc.) selon un partage des compétences établi.

La Commission européenne a le pouvoir d'initiative, c'est-à-dire qu'elle propose des projets de « lois européennes ». Ces projets sont proposés par la Commission en tant que telle, mais ont au préalable été élaborés et présentés par les services du ou de la Commissaire européen(ne) compétent(e).

Ces projets sont ensuite étudiés par le Conseil de l'UE et le Parlement, qui dans la plupart des cas partagent le pouvoir législatif : ce sont eux qui adoptent conjointement (on parle de codécision) les actes législatifs européens. Plusieurs lectures et allers-retours entre eux peuvent être, nécessaires. Contrairement à une idée reçue, la Commission n'impose donc d'elle-même aucune règle européenne aux États membres, qui ont en revanche, à travers le Conseil de l'UE, la possibilité d'amender, négocier, rejeter ses propositions.

La Commission a en revanche une responsabilité exécutive (mise en œuvre) et de suivi des règles adoptées. C'est dans ce cadre qu'il lui arrive parfois de prendre des mesures de rétorsion contre des États ou acteurs européens qui n'auraient pas respecté leurs engagements ou des règles européennes. Elle est épaulée dans ce rôle par la Cour de justice de l'UE, qui arbitre les différents au sein de l'UE (entre entreprises, États, institutions européennes, citoyens, etc.).

Interactions entre acteurs privés et processus décisionnel européen :

Dans ce processus décisionnel, les acteurs du monde de l'entreprise ont plusieurs « portes d'entrée ». Dans sa phase amont, les acteurs privés (entreprises, syndicats, ONG, etc.) peuvent avoir un rôle en matière d'*agenda setting* (mise sur l'agenda politique ou réglementaire de tel ou tel enjeu ou sujet) ou d'orientation du contenu de futures décisions. Lorsqu'elle prépare des projets de directive par exemple, la Commission consulte fréquemment des représentants du monde de l'entreprise si les sujets l'exigent. Cela peut concerner des entreprises directement, des associations ou groupes d'intérêts les représentant, des ONG, des syndicats, etc. Peu connue et peu commune dans des États comme la France, cette ouverture aux acteurs non-institutionnels dans la préparation des décisions fait de Bruxelles une place importante du lobbying international. On considère à ce titre que près de 6.000 lobbies ou groupes d'intérêt sont présents à Bruxelles, représentant entre 15.000 et 30.000 personnes.

Les interactions entre acteurs du monde de l'entreprise et processus décisionnel au deuxième stade de celui-ci (l'adoption des actes législatifs par le Conseil de l'UE et le Parlement) sont plus complexes.

En ce qui concerne le Parlement, celui-ci est, comme la Commission, ouvert aux représentants de la société civile et du monde de l'entreprise, et tient même un registre des organisations accréditées qui a constitué le premier répertoire « officiel » des lobbies et groupes d'intérêt opérant à Bruxelles. Là encore, les députés européens s'ouvrent aux opinions ou conseil des acteurs du monde de l'entreprise dans l'espoir de mieux cerner les enjeux précis, les différents points de vue et intérêts en jeu dans telle ou telle décision sur laquelle le Parlement doit s'exprimer. Cela peut donner lieu à des batailles de conseil ou de lobbying contradictoires, par exemple lorsque des représentants de secteurs industriels particuliers et des organisations non gouvernementales ayant l'écologie pour préoccupation tentent simultanément d'influencer ou de sensibiliser les députés européens à leur cause afin que celui-ci réécrive ou amende les projets de décisions européennes dans un sens qui leur est favorable ou correspond à leurs valeurs et principes.

Le Conseil de l'UE, institution intergouvernementale représentant les États membres, réintroduit la dimension « nationale » dans ce processus décisionnel, y compris en matière de représentation ou d'expression des intérêts et points de vue des acteurs du monde de l'entreprise. Un État ayant une compétence ou un intérêt particulier dans un secteur économique sur lequel le Conseil de l'UE doit légiférer avec le Parlement européen est souvent porteur des intérêts et positions de ses industries ou entreprises nationales. Ainsi en 2013, l'Allemagne a-t-elle tout fait pour empêcher l'adoption d'une directive européenne portant sur la réduction des émissions de gaz d'échappement par les automobiles dans les années à venir, qui aurait impacté principalement les grosses berlines produites par les groupes allemands BMW, Mercedes et Audi. Le positionnement et les prises de position des représentants allemands dans le processus décisionnel européen ont clairement été influencées par les acteurs nationaux, certains allant jusqu'à reprocher au gouvernement allemand de « rembourser » ainsi en s'opposant à une directive européenne les financements accordés par le secteur automobile dans la campagne électorale allemande précédente. La France est aussi fréquemment pointée du doigt comme défendant essentiellement les intérêts de certains agriculteurs français dans les négociations et discussions sur la Politique agricole commune (PAC). Les acteurs du monde de l'entreprise peuvent donc s'appuyer sur leur représentation nationale et leurs gouvernements nationaux comme relais ou points d'appui à Bruxelles.

Au final, on distinguera, selon la taille des entreprises et leur secteur, plusieurs outils, méthodes et niveaux pour pénétrer le système décisionnel européen :

Etape du processus décisionnel ---------------- Niveau décisionnel visé par les acteurs souhaitant	Etape 1. : Préparation des propositions par la Commission européenne et initiatives de la Commission européenne	Etape 2. : Adoption des actes législatifs européens par le Conseil de l'UE et le Parlement européen	Etape 3. : Mise en œuvre, contrôle et suivi des décisions européennes

défendre leurs intérêts ou points de vue			
Niveau européen	- Participation aux consultations éventuelles de la Commission - Soumission de documents d'information destinés à exercer des fonctions d'agenda setting ou d'influence du processus - Recours à des sociétés de lobbying, de relations publiques ou de communications chargées de diffuser ou promouvoir des points de vue particulier	- Participation aux consultations éventuelles du parlement européen et activité de lobbying vis-à-vis des députés européens et commissions parlementaires compétentes.	- Pour les politiques pour lesquelles la Commission a un pouvoir d'exécution, les acteurs bruxellois (lobbies, groupes d'intérêt, etc.) peuvent tenter d'influencer le contenu de ces politiques, leurs priorités, etc. - En ce qui concerne les politiques pour lesquelles la Commission européenne a davantage un pouvoir de suivi et de contrôle de la mise en œuvre des politiques européennes, des actions visant à influencer sont interprétation des règles européennes sont parfois tentées.
Niveau national	- Alerte sur une décision en préparation - Sensibilisation des acteurs nationaux sur les projets européens en cours	- Travail de sensibilisation des administrations et ministres nationaux sur le point de vue des acteurs nationaux concernés par telle ou telle décision (ex : la FNSEA sensibilise le ministère de l'agriculture sur la prochaine réforme de la PAC, etc.)	- Travail d'inflexion sur la façon dont les décisions européennes sont traduites dans le droit national ou mises en place (calendrier, etc.).

Appartenance à l'UE et monde de l'entreprise : opportunités et contraintes

La plus-value de l'appartenance à l'UE pour les entreprises européennes donne lieu à des évaluations différenciées. Pour une majorité d'observateurs, appartenir à l'UE représente une opportunité, pour d'autres cela relève au contraire d'une contrainte. Cette diversité de diagnostics rejoint les débats plus larges et de plus en plus marqués au sein des opinions publiques européennes sur les bénéfices de l'appartenance à l'UE. Des sondages eurobaromètres récents attestent que si l'appartenance à l'UE est encore perçue comme davantage bénéfique que négative dans une majorité d'États membres, ce soutien s'érode et masque difficilement des questionnements croissants sur la plus-value de cette appartenance à l'UE.

L'UE comme contrainte : un cadre réglementaire exigeant et en mouvement

L'UE peut en premier lieu être considérée comme une contrainte pour les entreprises et leurs acteurs à plusieurs titres.

Sur le plan règlementaire, la mise en place du marché unique reposant sur le principe théorique d'une concurrence libre et non faussée, cette politique de concurrence est devenue l'un des piliers de l'activité politique et réglementaire européenne. Véhiculant parfois son lot de fantasmes, cette multiplication des normes et règles européennes peut néanmoins légitimement être vue comme une contrainte dans certains cas. La nécessité d'adapter certains appareils productifs pour respecter des normes environnementales ou sanitaires communes est par exemple parfois perçue comme une contrainte technique et financière par certaines entreprises. De fait, l'UE est un marché intérieur aux règles et normes très poussées, ce qui implique de la part des entreprises un « cahier des charges » rigoureux afin de pouvoir opérer sur ce marché européen. Les entrepreneurs le vivent occasionnellement comme une contrainte, car cela les oblige à modifier leur organisation ou fonctionnement, leurs productions, et cela peut avoir un impact sur leurs coûts de production.

Dans un contexte de mondialisation, des entreprises européennes peuvent par ailleurs se retrouver en concurrence sur des marchés extra-européens avec des entreprises concurrentes ne subissant pas autant de contraintes réglementaires ou normatives. Elles se retrouvent donc en quelques sortes dans un contexte de concurrence déloyale. Ces dernières années, des débats entre acteurs européens et asiatiques ou africains sur le rôle des normes sociales et environnementales ont reflété cette tension.

L'UE s'est par ailleurs vu reprocher son approche trop « libérale » des échanges et de l'économie, sa priorité accordée à l'ouverture des marchés et à la libre concurrence davantage qu'au développement économique et social. Trouver un compromis pour ouvrir les frontières et libéraliser les échanges est plus aisé entre les pays européens que de créer des normes sociales communes élevées, des mécanismes de protection communs, ou des politiques fiscales convergentes. Cette absence d'intégration économique, sociale et fiscale de l'UE est parfois perçue négativement par les chefs d'entreprises comme par les représentant de salariés, qui reprochent à l'UE de leur imposer un marché intérieur où subsiste des formes de concurrence déloyale en raison de coûts du travail inégaux notamment. Les syndicats de salariés ou certaines parties de l'opinion, contestent aussi l'intérêt d'une libéralisation non accompagnée de règles sociales et fiscales plus strictes. Enfin, il est aussi reproché à l'UE de n'être qu'une « petite mondialisation à l'échelle d'un continent », reposant trop sur la libéralisation et la libre concurrence et ne protégeant pas assez les acteurs économiques des conséquences de ces dynamiques. Elle est à ce titre parfois perçue comme néfaste par certains représentants de la société civile comme les syndicats et les ONG, qui lui reprochent de ne pas tenir compte de leurs préoccupations.

L'UE opportunité : un marché dynamique et un levier utile

A l'image de Jean Monnet lui-même, négociant et inspirateur des premiers projets de Communautés européennes, les acteurs du monde de l'entreprise avaient été parmi les plus fervents partisans de la construction européenne dans ses balbutiements. On oublie en revanche qu'une majorité des syndicats de salariés était alors aussi solidement pro-européenne, ce qui est moins le cas aujourd'hui. Aujourd'hui encore, les avantages d'une appartenance à l'UE pour les entreprises sont nombreux et expliquent par exemple que les entrepreneurs européens soient majoritairement favorables à l'UE.

Le fait d'appartenir à un marché intérieur au cadre réglementaire poussé est autant un avantage qu'une contrainte. Lorsqu'elles souhaitent exporter à l'étranger, les entreprises européennes, qui opèrent à partir d'un registre légal et normatif particulièrement poussé, n'ont souvent aucun problème pour satisfaire aux exigences normatives souvent inférieures d'autres ensembles ou partenaires commerciaux.

Opérer au sein d'un marché intérieur de près de 500 millions d'habitants et de vingt-huit États habitue par ailleurs déjà les acteurs économiques européens à opérer dans un environnement international et concurrentiel. L'UE prépare en quelque sorte les acteurs à opérer dans le marché mondial. Contrairement à certaines idées reçues, la compétitivité des entreprises européennes est suffisamment forte pour qu'elle présente un excédent commercial, certes inégalement réparti entre les États membres.

Enfin, des politiques particulières de l'UE peuvent agir comme des leviers ou atouts utiles pour les acteurs économiques européens. Malgré ses fragilisations et remises en cause au cours des dernières années, l'existence d'une monnaie unique partagée par dix-huit des vingt-huit États membres a par exemple apporté une stabilité monétaire et une sécurité des échanges entre Européens et entre ceux-ci et le reste du monde. Dans les grandes négociations internationales comme celles de l'OMC, l'appartenance à l'UE permet aux Européens, qui y négocient collectivement, en tant qu'acteur unique, de disposer de plus de poids, d'écoute et d'influence que si les États membres négociaient individuellement.

Conclusion :

L'image d'un système décisionnel européen opaque, complexe et fermé est assez loin de la réalité. L'ouverture des institutions européennes au monde de l'entreprise et à la société civile de façon générale est bien réelle, et supérieure à ce qu'elle peut être dans des États membres comme la France. A l'instar d'une grande partie de l'opinion publique, ces réalités européennes demeurent pourtant méconnues d'une majorité des acteurs du monde de l'entreprise, à tous les niveaux hiérarchiques. Réhabiliter ou simplement introduire la dimension européenne dans les cursus destinés à former de futurs cadres est donc essentiel. Cela peut passer par l'introduction d'enseignements dédiés, adaptés aux différentes spécialités proposées, ou par la prise en compte plus diffuse des réalités européennes dans les enseignements existants.

Bibliographie/Lectures recommandées

Dehousse, R. (2009) *Politiques européennes.* Paris, Presse de Sciences Po.

Hix S., et Hoyland B. (2011), *The political system of the European union*, Londres, Palgrave Macmillan.

Magnette JP. (2009), *Le régime politique de l'Union européenne*, Paris, Presses de science po.

Nivet B. (2013) « La puissance ou l'influence ? Un détour par l'expérience européenne », *La revue internationale et stratégique* n°89, pp.83-92.

Quermonne JL, 2010, *Le système politique de l'Union européenne*, Paris, Monchrestien.

Chapitre 10
L'entreprise dans un monde global : Comment relever le défi de la mondialisation?

Sylvie MATELLY

Résumé

La crise économique qui se déclencha en 2008, fit découvrir au plus grand nombre combien la mondialisation a modifié la configuration de l'économie mondiale. Dans cette mutation, les entreprises ont été des acteurs majeurs et moteurs, profitant des opportunités offertes par l'ouverture de l'économie mondiale pour s'internationaliser, répartir leurs activités sur l'ensemble de la planète et profiter de nouveaux marchés. La consommation, l'innovation et le progrès technique en furent stimulés, les richesses et le niveau de vie général de la population mondiale augmentés. Pour autant, ces évolutions ne vont pas sans risque, tant pour l'entreprise qui doit alors adapter sa stratégie et son management que pour l'économie dans son ensemble au travers des externalités positives et négatives, conséquences de l'internationalisation des entreprises et de la mondialisation.

Abstract :

When the US investment bank Lehman Brothers went bankrupt in September 2008, most people seemed to discover how globalization has changed the configuration of the World economy. Firms have been major players of these changes. They have taken advantages of opportunities offered by a more and more liberalized economy. They have internationalized to find new markets, new sources of commodities and supply. Consumption, innovation and technical progress were stimulated; wealth and standard of living have increased. However, these developments present some risks and limits, both for companies, that have to adapt their strategy and management, and for the world economy through positive and negative externalities, consequences of Firms' internationalization.

Lorsque la banque d'affaires américaine Lehman Brothers fait faillite en septembre 2008, la planète entière semble découvrir combien la mondialisation a modifié la configuration de l'économie mondiale, combien les actions de chacun sont imbriquées les unes aux autres, à tel point que la faillite d'une seule banque, certes américaine, menace l'ensemble de l'économie mondiale. Non seulement l'ensemble du système financier a été menacé mais, plus largement, toutes les entreprises et tous les acteurs de l'économie mondiale l'ont été. Dans la semaine qui suivit cette faillite, certains Mac Donald aux États-Unis furent dans l'incapacité de payer leurs salariés. Pourquoi ? Simplement parce que la faillite de Lehman avait anéanti la confiance des banques entre elles et que plus aucune ne souhaitait reverser le moindre cent à une autre. Sans une intervention massive et concertée des banques centrales, l'économie mondiale aurait été menacée de faillite. Les entreprises n'auraient en effet pas pu obtenir l'argent nécessaire pour payer leurs salariés, les salariés n'auraient donc pas pu consommer, ils auraient probablement dans la panique tenté de récupérer l'argent qu'ils avaient déposé sur leurs comptes bancaires, revendu leurs actions, provoquant la faillite des banques de dépôt, l'effondrement de la valorisation boursière de toutes les entreprises et donc de leur valeur, etc. En septembre 2008, nous étions entrés dans la première crise majeure de la mondialisation et nous allions nous rendre compte à quel point cette mutation de l'économie mondiale pouvait affecter à la fois les équilibres et les certitudes économiques et managériales.

Les entreprises ont été directement touchées par la crise, elles ont vu leurs commandes se réduire, leur financement devenir de plus en plus compliqués à obtenir. Elles ont dû licencier, innover, s'endetter… Et paradoxalement, ce ne sont pas les entreprises les plus internationalisées qui ont connu les plus grandes difficultés, bien au contraire. La mondialisation est apparue même dans la crise comme une opportunité : opportunité de nouveaux débouchés et marchés, opportunité de nouveaux fournisseurs et d'un accès plus large aux matières premières, opportunités enfin de nouveaux financements et investissements. Les économistes ont souvent décrits cet atout et attrait de « l'international » pour l'entreprise en évoquant la question des gains à l'échange. C'est la raison pour laquelle l'internationalisation des entreprises a été constante dans l'histoire économique moderne, comme l'explique la première partie de ce chapitre.

Les raisons de cette internationalisation sont, quant à elles, détaillées dans une deuxième partie. Pour autant, l'internationalisation n'est pas sans risque pour l'entreprise comme le suggère la troisième partie. Elle entraîne la nécessité de comprendre les défis qu'elle pose à l'entreprise et la manière de les gérer, comme l'explicite la quatrième et dernière partie.

L'internationalisation des entreprises : perspectives historiques

Les entreprises internationales ou multinationales ont toujours existé (cf. les comptoirs au XVIIᵉ siècle). Pourtant, les premières entreprises privées multinationales apparaissent essentiellement à partir du milieu du XIXe siècle. Avant la Première Guerre mondiale, les entreprises s'internationalisent par nécessité, le plus souvent pour exploiter les ressources naturelles (énergie et matières premières) nécessaires à leurs productions sur des territoires étrangers ou pour s'implanter sur de nouveaux marchés. Les protections limitant le commerce international étant encore élevées dans la plupart des pays, il est difficile pour les entreprises d'exporter vers un pays étranger. Elles préfèrent donc s'y implanter pour contourner cette difficulté.

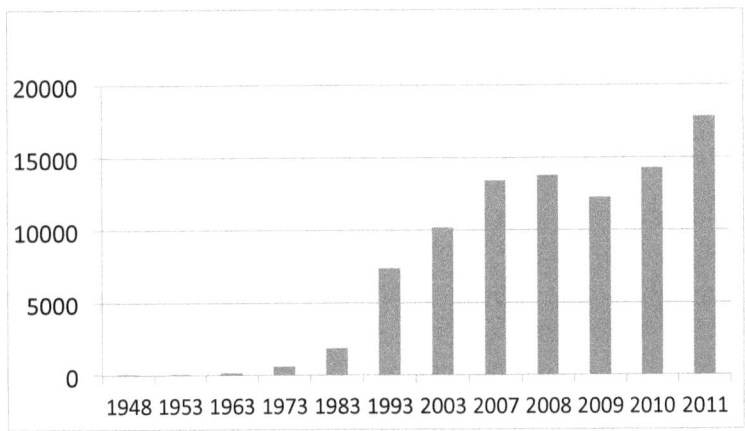

Figure 1. Exportations mondiales de marchandises (en milliards de dollars)
Source : OMC (2006 et 2013), Statistiques du commerce mondial

L'internationalisation se fait par conséquent essentiellement par des investissements directs étrangers, d'autant mieux acceptés par les pays d'accueil que ceux-ci sont en pleine révolution industrielle, une mutation économique nécessitant d'importants investissements mais aussi de nouveaux savoir-faire. Ainsi, en 1913, le niveau atteint par le stock d'IDE dans le monde était très important. Il chutera au moment de la guerre, puis entre les deux guerres, et ce niveau de 1913 ne sera à nouveau atteint que dans les années 1970. C'est à cette période d'avant 1913 qu'apparaissent les premières grandes entreprises multinationales telles que Siemens, Royal Dutsch/Shell, United Fruit company etc.

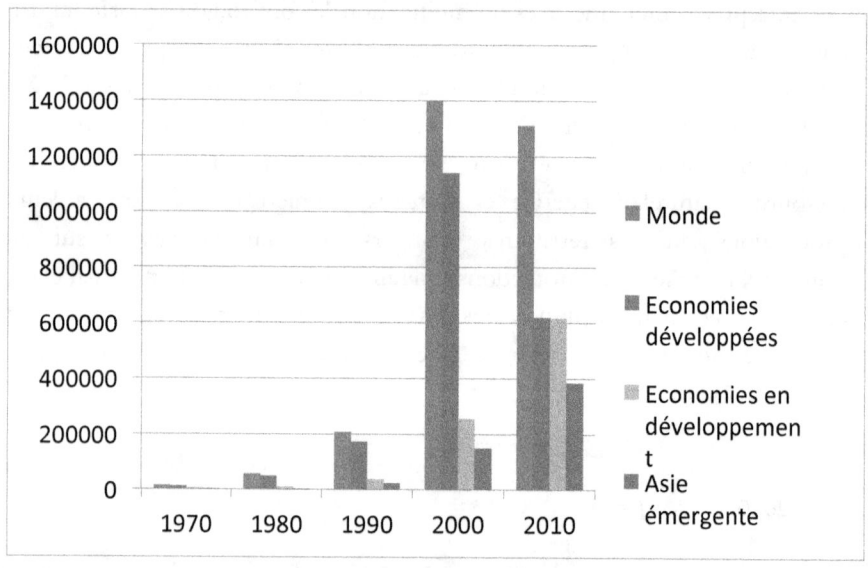

Figure 2. Flux d'IDE dans le monde et par région
Source : CNUCED

Après la Seconde Guerre mondiale, l'internationalisation devient pour les entreprises davantage une opportunité qu'une nécessité. Dans un premier temps, la volonté des États-Unis et de leurs alliés de promouvoir le commerce international mais aussi le soutien financier que les Américains vont accorder aux alliés vont inciter les firmes américaines à investir massivement à l'étranger. L'internationalisation accompagne alors le développement du commerce international soit par le commerce de matières premières et d'énergies, soit par l'accès à de nouveaux marchés de consommation mais aussi le développement de la consommation de masse aux États-Unis puis en Europe de l'Ouest et dans les autres pays développés. Au côté des grandes entreprises du secteur pétrolier et énergétique se développent alors des entreprises multinationales dans les secteurs de la distribution, de l'agro-alimentaire, des équipements (électroménager, électronique) et des transports.

Dans un deuxième temps, à partir du début des années 1980, l'internationalisation des entreprises se généralise grâce, à la fois, à l'émergence de nouveaux pays industrialisés, à la déréglementation (en particulier des IDE) puis aux progrès des technologies de l'information et de la communication. Au début des années 1980, la Conférence des Nations unies sur le commerce et le développement (CNUCED) dénombrait 7000 entreprises multinationales. En 2012, elles étaient 80 000 contrôlant 840 000 filiales et employant 75 millions de personnes. Elles réalisaient près des trois quart des flux commerciaux mondiaux.

Au gré des évolutions économiques mais aussi de la déréglementation partout dans le monde, les entreprises vont se restructurer et acquérir des concurrentes ou des fournisseurs. Les fusions-acquisitions se multiplient et la taille des entreprises ne cesse de croître. D'autres préfèrent se spécialiser sur une production et sous-traitent tout l'amont de leur chaîne de production. Germe l'idée d'entreprise sans usine, sorte de holdings financières qui exploiteraient l'ensemble des opportunités de l'internationalisation pour accumuler autant de valeur ajoutée que possible.

Au début des années 1990, apparaissent les premières entreprises dites globales c'est-à-dire dont l'ensemble de la chaine de production est organisée en fonction des avantages comparatifs de chaque pays dont elles peuvent profiter. Elles vont ainsi pouvoir acquérir des matières premières partout sur la planète, délocaliser leur assemblage en Chine et la production de leurs composants en Corée du Sud, centraliser leurs équipes de recherche et développement et leurs activités commerciales aux États-Unis. L'objectif est assez clair : produire les produits les plus innovants au meilleur prix. A l'extrême, le meilleur prix garantit d'importants marchés potentiels alors que l'innovation assure un renouvellement constant des besoins… L'exemple le plus illustratif de ce processus est probablement la téléphonie.

De tout temps par conséquent les entreprises ont recherché à s'internationaliser. Quelles en sont les raisons ?

La mondialisation, une opportunité ?

Les économistes expliquent l'internationalisation des entreprises par les opportunités qu'elles en tirent. Dans un premier temps, les entreprises décident de commercer à l'international parce qu'elles en tirent des gains à l'échange soit en accédant à de nouvelles sources d'approvisionnement et de matières premières, soit en parvenant à vendre leurs produits sur de nouveaux marchés. Ensuite, lorsque le cadre réglementaire le leur permet ou au contraire limite le commerce international, elles investissent de nouvelles activités à l'international : chaînes de production, agences commerciales, laboratoire de recherche... C'est alors le choix entre externaliser ses activités ou au contraire les internaliser qui expliquent les modalités de l'internationalisation de l'entreprise autour d'un arbitrage entre les gains et les risques de chacun des choix possibles.

Dans ce contexte, l'internationalisation des entreprises a accompagné deux mouvements de mondialisation : la mondialisation des marchés et la mondialisation de la production. Elle n'a toutefois été rendue possible que grâce à un certain nombre d'innovations qui en retour ont assuré une augmentation constante de la productivité donc du pouvoir d'achat du consommateur.

De la mondialisation des marchés au changement d'échelle entrepreneuriale

La mondialisation des marchés a résulté de la diminution des barrières entre les pays : réduction des droits de douane, à partir de 1945, dans le cadre des négociations du GATT (*General Agreement on Tariffs and Trade*) puis de l'Organisation mondiale du commerce (OMC) ; ouverture et décloisonnement des marchés nationaux. Le marché unique européen en est l'exemple le plus abouti puisqu'il est possible, depuis 1993, de vendre et d'acheter librement, à n'importe quel endroit et sur n'importe quel marché de l'Union européenne. Les entreprises se sont alors adaptées à cette situation qui apparaissait comme une véritable opportunité, l'opportunité d'exporter partout sur la planète et d'accéder à de nouveaux marchés mais aussi de se fournir partout dans le monde et d'accéder à de nouveaux intrants (matières premières, composants, etc.) leur permettant d'imaginer de nouveaux produits. La diversification des approvisionnements permet la diversification des productions. Il est d'ailleurs intéressant de noter que les pays les plus développés, où l'offre et la production sont les plus diversifiées, sont dépendants de matières premières beaucoup plus variées que les pays émergents, « usines du monde » qui ont besoin d'un nombre plus limité de matières premières mais dans des quantités très importantes. Cette diversification des productions permet aussi d'accroître la demande en créant de nouveaux besoins pour de nouveaux produits.

En retour, la diversification de l'offre, à la fois parce que les marchés s'ouvraient aux entreprises étrangères et parce que les entreprises pouvaient proposer de nouveaux produits, stimulait la consommation (hypothèse de Linder, 1961). Dans un deuxième temps, au fur et à mesure de l'harmonisation des normes et des préférences des consommateurs (le marketing a ici très bien fait son travail !), les entreprises ont pu proposer des produits standardisés à l'ensemble de leurs clients. Les marchés nationaux s'unifient, évoluant vers un marché mondial. Un bémol toutefois à ce constat : les marchés de consommation finale gardent encore des spécificités nationales fortes et ce sont sur les marchés intermédiaires de biens industriels et des matières premières que le phénomène de mondialisation est le plus abouti.

L'une des conséquences de ces évolutions est non pas une spécialisation des pays comme le pensaient les économistes classiques au XIXe siècle (Smith, 1776, Ricardo, 1815), mais une spécialisation des entreprises (Nouvelles théories du commerce international, Krugmaun, Helpman…). Grâce à un marché devenu énorme, les entreprises se spécialisent dans la fabrication d'un ou d'une poignée de produits réalisant ainsi des économies d'échelles internes (une chaîne de production ou une campagne de publicité unique coûtent moins que dans le cas de produits multiples). Ces économies d'échelle internes permettent en réduisant les prix d'accroître la demande donc pour l'entreprise de grossir (par croissance interne ou externe d'ailleurs car la spécialisation en améliorant sa productivité améliore aussi sa compétitivité par rapport à ses concurrentes). Les entreprises deviennent alors d'énormes oligopoles, employant des centaines de milliers de personnes et des centaines de sous-traitants. Elles réalisent dans ce cadre également des économies d'échelle dites externes liées à leur pouvoir de négociation et d'attraction avec les acteurs locaux (collectivités et États mais aussi sous-traitants et fournisseurs etc.) le fait de s'implanter à un endroit conduit alors à créer un réseau ou cluster d'infrastructures et de fournisseurs (y compris écoles et centres de formation de la main-d'œuvre) au service de l'efficacité et de la réussite de cette grande entreprise. Plusieurs exemples de clusters peuvent être cités tels que la Silicon Valley aux États-Unis (autour de Hewlett-Packard au départ) ou encore Hollywood (autour des grands studios), la mode à Paris ou l'aéronautique en Aquitaine (autour d'Airbus et de Dassault).

	2005		**2011**	
		Chiffre d'affaires en milliards de $		Chiffre d'affaires en milliards de $
1	Wal-Mart	288	Royal Dutch Shell	484
2	British Petroleum	285	Exxon Mobil	452
3	Exxon Mobil	270	Wal-Mart	446
4	Royal Dutch Shell	268	British Petroleum	386
5	General Motors	193	Sinopec (Chine)	375
6	DaimlerChrysler	176	China National Petroleum	352
7	Toyota Motor	172	State Grid (Chine)	259
8	Ford Motor	172	Chevron	245
9	General Electric	152	ConocoPhilips	237

10	Total	152	Toyota Motor	235
11	Chevron Texaco	147	Total	231
12	ConocoPhilips	121	Volkswagen	221
13	AXA	121	Japan Post Holding	211
14	Allianz	118	Glencore International	186
15	Volkswagen (All)	110	Gazprom	157

Tableau 1. Les 15 plus importantes entreprises au monde, comparaison 2005/2011
Source : Fortune

Cette situation questionne sur l'équité ("fair") du commerce international puisqu'elle conduit *in fine* à une concentration des entreprises et à des situations d'oligopoles réduisant de facto la réalité de la concurrence. Il incite d'autre par les États à mettre en place les conditions nécessaires pour attirer ces énormes entreprises (subventions, infrastructures etc.). Or, plus le pays est riche plus il peut disposer des moyens de ses ambitions et se révéler attractif. En d'autres termes, les États-Unis se révèlent beaucoup plus attirants que le Bangladesh, non seulement parce que l'État a les moyens de créer un cadre favorable aux affaires mais aussi parce que les opportunités (marchés, main-d'œuvre qualifiée…) y sont beaucoup plus nombreuses !

Changement de modèle entrepreneuriaux :
le rôle de la mondialisation de la production

La mondialisation de la production reflète l'organisation de plus en plus internationale de la production des entreprises grâce à l'ouverture des marchés mais aussi au développement des transports internationaux et des moyens de communication. Une entreprise globale est alors une entreprise dont la chaîne de production et de création de valeur est répartie sur l'ensemble de la planète afin de tirer parti des avantages comparatifs de chaque pays en termes de travail (importance, coût et qualification de la main-d'œuvre) et de capital (technicité de la production, capacités d'investissement, soutien public, etc.). C'est l'exemple d'Apple dont l'interface est pensée et réalisée aux États-Unis, les composants produits en Corée du Sud et l'assemblage pratique en Chine alors que ses marchés sont partout dans le monde mais en grande partie en Europe et aux États-Unis.

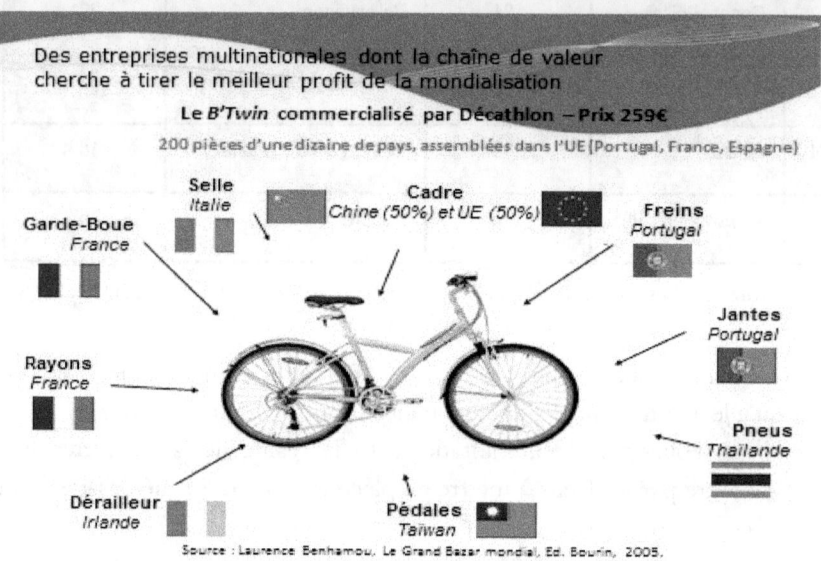

Des entreprises multinationales dont la chaîne de valeur cherche à tirer le meilleur profit de la mondialisation

Le *B'Twin* commercialisé par Décathlon – Prix 259€

200 pièces d'une dizaine de pays, assemblées dans l'UE (Portugal, France, Espagne)

Source : Laurence Benhamou, Le Grand Bazar mondial, Ed. Bourin, 2005.

Les économistes ont bien expliqué ce phénomène des avantages comparatifs de chaque pays dans l'échange international. C'est la théorie sur le commerce international de Ricardo, au début du XIXᵉ siècle, qui explique les raisons du développement du commerce international par les différences et, par conséquent, les complémentarités entre les pays. Dans ce contexte, les pays ont intérêt à profiter du commerce international pour se spécialiser dans l'activité dans laquelle ils sont les meilleurs. Ricardo explique d'ailleurs qu'ils peuvent aussi tirer profit de l'échange même s'ils n'ont pas un avantage absolu, même s'ils ne sont pas meilleurs dans un domaine mais seulement moins mauvais que dans un autre !

C'est plus tard, le modèle HOS, pour Heckscher, Ohlin et Samuelson, qui déterminent que les différences et la spécialisation reposent essentiellement sur les dotations en travail et en capital :

- Plus le capital est abondant dans un pays, moins il est coûteux et, par conséquent, il est intéressant d'y investir et, pour l'entreprise, d'y localiser les productions les plus techniques et innovantes, qui demandent beaucoup d'investissements;

- Plus le travail est abondant dans un autre pays, moins il est coûteux d'y réaliser les tâches nécessitant de la main-d'œuvre en masse tel que l'assemblage. Avec un milliard et demi d'habitants, la Chine est ainsi devenue l'usine du monde !

Toutefois, les limites à cette internationalisation de la production furent longtemps supérieures aux avantages. Outre les limites réglementaires (les investissements directs étrangers sont très contrôlés et souvent soumis à nombre de conditions par la plupart des États), il était, avant le développement de l'internet, difficile de gérer des activités réparties sur plusieurs sites éloignés les uns des autres. Comment en effet contrôler la qualité, le respect du cahier des charges et des délais d'une filiale située à des milliers de kilomètres de la maison-mère et des marchés cibles? De ce point de vue, les technologies de l'information et de la communication furent, dans un contexte de déréglementation, une véritable aubaine pour les entreprises.

Progrès technique et mondialisation

La réduction des barrières aux échanges internationaux a ouvert la voie à la mondialisation, le progrès technique l'a rendue possible.

En effet, toute une série d'innovations dans l'histoire économique contemporaine a permis la multiplication des échanges internationaux. L'amélioration de la production (énergie et nouveaux matériaux) et de l'organisation de cette production à partir du XIXe siècle, puis celle des transports internationaux, avec en particulier l'utilisation d'un pétrole bon marché mais aussi l'apparition des containers, a réduit leur coût, dans les années 1950/60, soutenant le développement du commerce international. A partir des années 1970 puis dans les années 1990, l'émergence puis la généralisation des technologies de l'information et de la communication permettront aux entreprises multinationales de gérer une activité réellement répartie sur l'ensemble de la planète.

Comme l'expliquait Joseph Schumpeter, les évolutions économiques résultent de ruptures technologiques. Une innovation majeure va être source de tout un ensemble d'innovations (les grappes d'innovations) qui vont profondément modifier le système économique. L'innovation fait entrer le système dans un nouveau cycle de croissance grâce à l'amélioration de la productivité qu'elle génère. Et de fait, l'amélioration de la productivité est une tendance lourde du système capitaliste et la mondialisation y participe. Elle présente deux avantages complémentaires : accroître la production et réduire les prix. Deux voies ont concouru à ce résultat :

- L'adaptation des méthodes de production ;
- Le progrès technique.

L'adaptation des méthodes de production est constante dans le système capitaliste. Dans son ouvrage fondateur, l'économiste Adam Smith explique comment la standardisation des tâches et la spécialisation de chaque ouvrier à une tâche précise sont un gage d'augmentation de la productivité et de réduction des prix. C'est l'exemple de la manufacture d'épingles. Il explique également combien ces gains de productivité peuvent améliorer le quotidien des individus, non seulement par le développement de la production et la distribution de revenus à cette classe laborieuse mais aussi en ouvrant l'accès à la consommation à un plus grand nombre. Le fordisme puis le taylorisme ou le toyotisme nourriront tous cette ambition d'organiser au mieux le travail afin d'améliorer la productivité.

Cette course à la productivité peut avoir des conséquences négatives, telles que la surexploitation de l'humain et du facteur travail par exemple, mais elle peut aussi permettre l'élévation du niveau de vie. Plus la production génère de la valeur ajoutée, plus les salaires peuvent être élevés. C'est aujourd'hui un vrai défi dans le cadre de la poursuite du développement d'un certain nombre de pays émergents et en particulier de la Chine. En effet, si ces pays souhaitent que leur économie se stabilise, ils doivent parvenir à stimuler leur consommation et cela ne sera possible que si les salaires augmentent. Or, les salaires n'augmenteront que si les productions de ces pays deviennent plus intensives en capital c'est à dire plus innovantes donc génératrices d'une valeur ajoutée plus importante.

	Ventes étrangères	Employés étrangers	Nombre de pays
Mc DONALD	66%	66%	120
LUFTHANSA	61%	37%	92
FORD	38%	54%	137
COCA-COLA	70%	67%	200
RENAULT	62%	33%	36
IBM	57%	52%	165
MICROSOFT	60%	33%	70
GENERAL ELECTRIC	45%	45%	>100
SIEMENS	75%	60%	180

Tableau 2. Exemple d'entreprises globales en 2011
Source : CNUCED

Les externalités de la mondialisation

Plus généralement, les effets liés à la mondialisation et à l'internationalisation de l'activité des entreprises sont résumés par le concept d'externalités. Les entreprises, en investissant partout sur la planète, en réduisant leurs coûts donc les prix de vente ont accompagné le développement économique et l'augmentation du niveau de vie d'une partie croissante de la population mondiale. Pour autant, la surexploitation de ressources finies, le gaspillage, les pollutions et émissions de gaz divers mais aussi la montée des inégalités sont des effets pervers et présentent des risques importants pour l'humanité mais aussi pour les entreprises. L'épuisement des ressources en énergie fossile par exemple pose la question de la transition énergétique car les entreprises, si elles ne maîtrisent pas cette transition, disparaîtront! Toute la question est alors de savoir comment doivent être gérées ces externalités, et face à la difficulté des États à faire des propositions concrètes, de plus en plus d'entreprises, sous la pression aussi de leurs parties prenantes (actionnaires, clients ou fournisseurs) intègrent ces dimensions. C'est le concept de responsabilité sociale et sociétale de l'entreprise. Encore balbutiant, il est probable que ce concept façonnera plus que ne le pensent certains l'activité des entreprises et la face de la mondialisation demain. C'est en effet une démarche qui suppose pour l'entreprise de trouver des solutions astucieuses pour faire plus et mieux avec moins, donc source d'efficacité et de productivité dans un monde où les raretés ne cessent d'augmenter mais les exigences des consommateurs vont croissantes...

Les risques et les défis de la mondialisation pour l'entreprise

Le choix de l'international est certes un choix d'opportunités nouvelles mais il n'est pas exempt de risques pour l'entreprise qui s'implante dans un environnement moins connu et moins contrôlable. Les risques sont à la fois économiques (il faut en effet investir sans pouvoir totalement appréhender le retour sur investissement, le contexte et le potentiel étant plus difficiles à apprécier), politiques, juridiques, etc. Il n'existe, par exemple, aucune législation, ni aucun système juridique à caractère international, c'est à dire capable d'intervenir afin de trancher un différend commercial entre deux acteurs économiques de nationalités différentes. Des instances existent au niveau mondial mais ne traitent que de relations et différends entre les Etats. Une entreprise internationale se heurte, qui plus est, à des différences culturelles qui l'obligent à adapter ses produits à ses divers marchés mais qui compliquent aussi la gestion interne de l'entreprise. C'est parce que ces distances ont été réduites par le progrès technique (transports et NTIC) que les entreprises se sont internationalisées mais les distances et les barrières culturelles ne s'effacent pas totalement. Dans un contexte international, la maîtrise et la transmission des informations, facteurs stratégiques fondamentaux pour une entreprise, sont compliqués et les risques associés à une mauvaise gestion de l'information sont décuplés. Certains scandales récents illustrent ce risque, tels des scandales de corruption d'entreprises stratégiques ou du BTP (Wal-Mart au Mexique, Elf en Afrique etc.), ou le scandale du travail des enfants (exemple de Nike). Ce risque peut durablement peser sur l'image de marque d'une entreprise qui doit à la fois penser sa stratégie et son organisation pour le maîtriser au mieux et éviter un préjudice persistant.

On peut distinguer un risque global, exogène à l'activité de l'entreprise et plus lié au cadre même de la mondialisation d'un risque plus spécifique propre à l'entreprise en tant que telle.

La mondialisation et ses risques économiques

La mondialisation, surtout depuis la crise de 2008, est parfois perçue comme une évolution négative des économies, un terrain miné pour les entreprises. Certes, la crise financière de 2008 est indiscutablement une conséquence des effets pervers engendrés par la mondialisation pour plusieurs raisons. Elle traduit les interdépendances qui existent entre les différents acteurs et les différentes sphères de la mondialisation (économie réelle et économie financière) et qui peuvent les fragiliser.

Elle traduit également la montée en puissance des institutions et des marchés financiers ayant prospéré grâce au crédit facile et aux taux d'intérêt très bas incitant les acteurs économiques (ménages, entreprises et États) à financer leurs acquisitions et investissements par le crédit. Cette facilité d'accès au crédit a soutenu l'accroissement de l'endettement tant public que privé. Cet endettement a été rendu possible par l'abondance de la liquidité mondiale, les pays exportateurs de pétrole et d'énergie et les pays émergents n'ont en effet cessé d'accumuler des réserves de change qu'ils recyclaient en le prêtant aux pays les plus développés, États-Unis en tête. Cette situation a créé d'importants déséquilibres puisque d'un côté, dans les pays les plus développés, elle soutenait la croissance de la dette et la formation de bulles spéculatives et, de l'autre côté, dans les pays émergents, elle limitait l'augmentation de la consommation interne, condition pourtant nécessaire au renforcement du développement économique de ces pays.

Elle illustre enfin la difficulté à fixer des règles et à les faire respecter dans la mondialisation. Aucun État, ni même aucune organisation multilatérale, n'est aujourd'hui en mesure de mettre en place les règles nécessaires au bon fonctionnement tant de la mondialisation que des marchés financiers. Ce qui est incontestablement plutôt un risque pour les entreprises qui opèrent sur des marchés internationaux tout en étant soumises à des règles qui restent nationales et changent donc à chaque passage d'une frontière !

Les choix des États sont, de ce point de vue, déterminants car ces derniers peuvent mettre en place un contexte propice à la réussite de leurs entreprises ou aux investissements internationaux sur leur territoire. Cette remarque signifie alors que, contrairement à une idée reçue, les États sont des acteurs clés de la mondialisation car ils peuvent participer de l'attractivité d'une localisation (d'un pays). Les pays sont alors en concurrence entre eux pour le meilleur mais souvent aussi pour le pire. C'est le cas du dumping environnemental qui consiste à offrir des conditions favorables et peu regardantes quant à l'impact de l'activité des entreprises sur l'environnement. Cette situation est également très peu équitable : comment un pays disposant de peu de ressources peut-il concurrencer un pays riche pour attirer les IDE ? La réponse est claire : il doit compenser la faiblesse de ses moyens financiers par d'autres avantages tels des salaires très bas et des conditions de travail très accommodantes, par exemple… Il n'existe malheureusement que peu de recours au niveau international et les organisations internationales disposent de peu de moyens pour lutter contre ces formes de dumping ou de concurrence déloyale.

L'entreprise face aux risques créés par la mondialisation

La compétition et une concurrence accrue sont des conséquences déterminantes de la mondialisation. D'un côté, elles permettent de réduire les prix donc de stimuler la demande mais en retour, elles entraînent les entreprises dans une course toujours renouvelée à la productivité. De ce point de vue, dans les années 1970, dans un contexte d'inflation et de renchérissement des coûts de production dû au choc pétrolier, l'arrivée sur les marchés internationaux de nouveaux pays industrialisés (NPI) eut un effet désastreux. Ces pays avaient fondé leur développement économique sur leur industrialisation et leur capacité à exporter leurs productions industrielles. Ils se spécialisèrent alors dans les productions textiles, électroniques, voire la sidérurgie, secteurs industriels jusque-là cantonnés dans les pays les plus développés du Nord. Profitant d'une main-d'œuvre bon marché, ils offraient des produits très compétitifs à des pays jusque-là habitués à commercer entre eux sauf pour leurs approvisionnements de matières premières et d'énergie. Le choc fut violent. Les pays développés tentèrent de résister en imposant des restrictions volontaires aux exportations à ces pays (accord multifibres de 1974) ou en soutenant les secteurs concernés dans leurs propres pays (cas de la sidérurgie). Rien n'y fit et ces secteurs se mirent à décliner inexorablement sous l'effet conjugué de la concurrence des NPI et de la stagflation (combinaison d'inflation et de chômage). Ce fut le début de la désindustrialisation des pays du Nord, l'industrie y représentait alors autour de 30% du PIB. Elle chutera pour atteindre 15% en moyenne à la fin des années 1990. La conséquence immédiate de cette situation fut l'apparition à partir du milieu des années 1970 d'un chômage de masse mais le plus dramatique fut probablement que ce chômage concernait des salariés, souvent peu qualifiés, qui n'avaient d'autres choix que de retourner se former ou de rester durablement chômeurs.

Pour autant, ni la taille des entreprises ni la production nationale (pas même la production industrielle) ne déclinèrent en volume et en valeur absolue. Les entreprises s'adaptèrent par une internationalisation accrue de leur activité soit pour profiter des atouts de cette main-d'œuvre bon marché (délocalisations des activités productives), soit en investissant pour développer des activités plus lucratives (services par exemples), ou très souvent les deux, entraînant alors une dématérialisation des économies les plus développées. En 1988, Dunning propose un paradigme, le paradigme OLI (*Ownership, Localisation and Internalisation*), qui identifie les avantages que peut tirer une entreprise à s'internationaliser plutôt qu'à ne pratiquer que le commerce international. Il identifie alors trois grandes catégories d'avantages :

- des avantages internes et propres à l'entreprise liés à la propriété des moyens de production (*Ownership advantages*) tels que la propriété des brevets, une meilleure maîtrise de la qualité et de l'image de marque de l'entreprise et des produits vendus ;
- des avantages à la localisation à l'étranger (*Localisation advantages*) tels que le coût de la main d'œuvre ou au contraire, le très haut niveau de compétences ;

- des avantages à internaliser ses activités (*Internalisation advantages*) telles que les économies d'échelle, une meilleure connaissance des compétences internes mise à profit dans la production…

Dans ce contexte, Dunning explique qu'une entreprise investira à l'étranger si elle pense pouvoir mobiliser ces 3 avantages. Dans le cas inverse, elle adaptera sa stratégie soit en implantant un simple réseau commercial (si l'avantage à la localisation n'existe pas), soit en vendant sous licence.

L'implantation à l'étranger est aussi un moyen de contourner les obstacles encore nombreux au commerce international ou le coût pour certains produits encore important du transport et force est de constater que la plupart des entreprises internationalisées le sont encore pour ces raisons là plus que pour tirer avantages des différences entre les pays et les régions. Ainsi, comme le constatent Mathilde Lemoine, Philippe et Thierry Maddiès (2012), la plupart des entreprises multinationales restent sur une organisation de type "horizontal" afin de produire pour vendre localement.

La spécialisation des entreprises est une autre conséquence de la mondialisation, comme évoqué plus haut. La spécialisation entraîne l'abandon de certaines activités. La contrepartie de cela est de créer des dépendances et interdépendances entre les pays et au sein des entreprises en fonction de leur spécialisation. Ces dépendances sont à plusieurs niveaux :

- la dépendance énergétique des pays du Nord et de plus en plus, des pays émergents, vis-à-vis des ressources énergétiques, pétrole en particulier ;
- la dépendance des pays émergents vis-à-vis des marchés dans les pays les plus développés (Europe, Amérique du Nord et Japon) ;
- la dépendance financière des États-Unis et dans une moindre mesure de l'Europe vis-à-vis du reste du Monde, la dépendance des pays en développement vis-à-vis des investissements directs étrangers, etc.

Face à ces défis, les entreprises se sont adaptées, faisant évoluer leurs stratégies en fonction de leur internationalisation et des objectifs qu'elles se sont fixées.

La stratégie de l'entreprise internationale

L'internationalisation des entreprises a eu plusieurs conséquences sur les entreprises elles-mêmes. Elle entraîne aussi une internationalisation des ventes et des employés et une présence sur un nombre de plus en plus importants de pays pour les entreprises les plus importantes. Dans ce contexte, à l'international, les stratégies des entreprises dépendent de plusieurs facteurs que l'on peut classer dans deux catégories : les contraintes internes et les contraintes liées à leurs marchés.

Les contraintes internes recouvrent l'ensemble des facteurs que l'entreprise doit prendre en compte et moduler en fonction de sa stratégie et de ses objectifs afin d'assurer son bon fonctionnement et sa compétitivité. Il s'agit de l'organisation interne de l'entreprise, de la hiérarchie et des liens et échanges entre les divers départements de l'entreprise ou, pour une entreprise multi-filiales, entre la maison-mère et ses filiales. L'enjeu est double : d'une part, assurer une organisation efficiente des ressources de l'entreprise (humaine, matérielle et financière – de ce point de vue, d'ailleurs, les démarches de développement durable proposent une vision renouvelée de cette approche) ; d'autre part, optimiser la transmission des informations, tant des ordres et des directives au sein de tous les départements et filiales (top down) que des données émanant du terrain et des niveaux opérationnels vers la direction générale ou la maison-mère (*bottom-up*). Il est évident que lorsque l'entreprise est internationale, ces contraintes sont encore plus présentes et complexes à gérer.

C'est également le cas pour les contraintes liées à son marché. A l'international en effet, les opportunités qu'offre l'organisation multinationale de l'activité sont contrebalancées par une plus grande difficulté à cerner son marché, ou plutôt ses marchés, et une concurrence plus forte. L'entreprise doit alors choisir et arbitrer entre la maîtrise de ses coûts, afin d'être aussi compétitive que possible, et son adaptation à la demande locale. Cet arbitrage dépend aussi de la nature du produit, un avion ne nécessitant pas forcément une adaptation radicale à chacun des marchés sur lesquels il est vendu alors qu'un produit alimentaire l'exige. Les situations sont par conséquent multiples. Elles peuvent toutefois être illustrées par quatre situations génériques:

- Cas où l'entreprise n'est soumise ni à de fortes contraintes sur ses coûts, ni à la nécessité de s'adapter à la demande locale. C'est le cas des produits de luxe par exemple mais on peut aussi penser à une entreprise dont l'originalité ou l'avance technologique est telle qu'elle détient un quasi-monopole sur sa niche d'activité (Apple). La différenciation du produit n'est pas indispensable et dans le même temps, la compétition n'est pas pour l'entreprise focalisée sur ses coûts de production. L'enjeu pour l'entreprise s'exprime plus en termes d'image et de différenciation positive, une image d'autant plus difficile à préserver que l'activité est internationale. L'organisation interne est alors souvent très hiérarchisée, la maison-mère souhaitant garder un contrôle aussi large que possible sur ses activités partout dans le monde.

- Cas où l'entreprise est soumise à de fortes contraintes sur ses coûts mais pas à la nécessité de s'adapter à la demande locale. Elle fait alors le choix de la productivité afin de préserver sa compétitivité. Elle standardise par conséquent ses produits et choisit une gestion globale de sa production. On peut citer l'industrie aéronautique et dans une moindre mesure, l'ensemble des industries des transports (automobile par exemple). Les tâches sont alors divisées entre les filiales, chacune se spécialisant en fonction de l'avantage comparatif que lui procure sa localisation (assemblage en Chine, R&D au Royaume-Uni et marketing aux États-Unis). On parle alors d'une stratégie globale.

- Cas où l'entreprise doit impérativement s'adapter à la demande locale. C'est le cas de l'industrie agro-alimentaire puisque les habitudes de consommation sont très différentes suivant les pays et les cultures. Quelle que soit par conséquent la concurrence sur un marché donné, la nécessité de s'adapter est beaucoup plus importante. L'entreprise est alors contrainte d'adopter des stratégies locales adaptées à chacun de ses marchés. Son organisation doit par conséquent être aussi décentralisée que possible et laisser une grande autonomie à ses filiales qui, parce que situées sur un marché donné ou à sa toute proximité, sont en mesure de mieux l'appréhender.

• Cas où l'entreprise est soumise à la fois à de fortes contraintes sur ses coûts et à la nécessité de s'adapter à la demande locale. C'est la situation la plus contraignante mais aussi une situation assez courante pour nombre d'entreprises. L'organisation interne et la stratégie doivent prendre en compte cette double contrainte en combinant à la fois une standardisation aussi poussée que possible du produit ou du processus de production et la différenciation des produits en fonction des marchés. L'organisation adéquate peut alors être une organisation régionale qui consiste à diviser l'entreprise et sa stratégie de marché en autant de régions géographiques que nécessaire et dans le même temps, à concevoir la chaine de valeur de l'entreprise en fonction des avantages compétitifs de chaque filiale afin de répondre à ce double enjeu.

Conclusion : Et demain ?
Quelles entreprises pour quelle mondialisation ?

Cela reste assez peu connu mais le commerce des filiales étrangères des entreprises multinationales dépasse aujourd'hui le commerce mondial de marchandises et de services (exportations et importations). De la même manière, c'est cet essor des entreprises multinationales depuis 30 ans qui explique en grande partie la croissance des investissements étrangers depuis le début des années 1980. . Elles réalisent aujourd'hui au moins les deux tiers du commerce mondial et l'essentiel des investissements directs étrangers. Elles sont ainsi de véritables moteurs de la mondialisation, ce qui ne manque pas de poser deux questions clés : celle de l'impact de leurs activités et celle de leur implication dans la régulation de la mondialisation.

En, effet, l'activité des entreprises internationales a des conséquences à la fois localement, dans les pays dans lesquels elles s'implantent, mais aussi plus globalement au niveau de la planète. Localement, l'activité des entreprises a des effets positifs et négatifs, maîtrisés et non maîtrisés. Ainsi, l'implantation d'une entreprise étrangère est créatrice de valeurs, d'activité et d'emplois. Elle entraîne la création de nouvelles richesses, l'arrivée de capitaux, d'investissement et de nouvelles technologies. Elle peut stimuler l'entrepreneuriat local et le développement économique du pays, permettre une meilleure allocation des ressources et une augmentation des recettes fiscales. Elle peut alors améliorer la balance commerciale et permettre l'insertion de l'économie nationale du pays d'accueil dans l'économie mondiale. Côté plus négatif, elle peut aussi conduire à l'épuisement des ressources naturelles, à la pollution des sols et des rivières, à la surexploitation de la main-d'œuvre elle-même source d'instabilités politiques et sociales. D'un point de vue plus économique, elle peut dégrader la balance des paiements si l'entreprise importe beaucoup et exporte moins sa production locale. Elle peut s'implanter avec de faibles ressources et réaliser peu d'investissements, ce qui limite les retombées de ses activités et les effets d'entrainement sur l'économie locale.

Parallèlement, les plus grandes entreprises ont atteint une taille telle qu'elles disposent d'un réel pouvoir lorsqu'elles s'implantent dans un pays. Elles en exigent alors certains avantages financiers, fiscaux ou règlementaires.

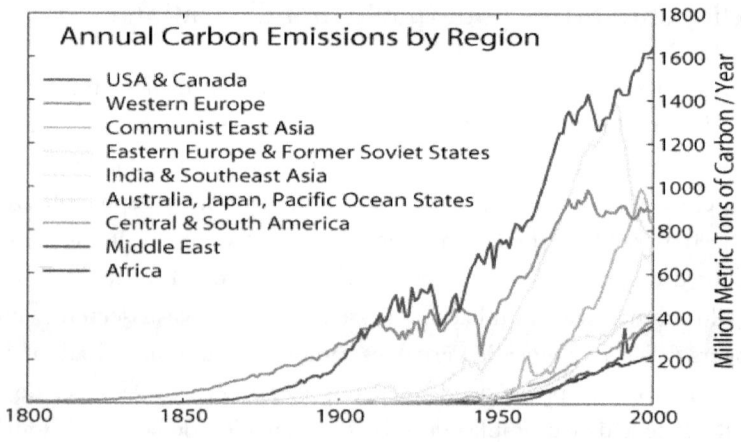

Figure 4. Emissions de charbon par région
Source : Giec 2009

Plus globalement, l'internationalisation des entreprises a amplifié les externalités de leurs activités sur l'environnement : devenues internationales, elles importent et exportent beaucoup plus, démultipliant l'utilisation du transport international ; la diminution des prix qu'a entrainée une plus grande concurrence sur le marché mondial a accompagné une augmentation sans précédent de la consommation donc de ses effets pervers et de ses externalités sur l'environnement (gaspillage, pollution et déchets). Le développement économique et la mondialisation sont ainsi directement corrélés au réchauffement climatique mais aussi à la réduction de la biodiversité et à l'épuisement des ressources naturelles. La gestion à court terme des entreprises à laquelle oblige une concurrence internationale peu ou mal régulée et règlementée entraîne elle-aussi des effets pervers et néfastes, tels que des destructions d'emplois et le chômage, le dumping social et environnemental, la tyrannie des marchés financiers, l'économie illicite, la corruption, etc. Tous ces facteurs mettent *de facto* en péril l'avenir même de cette mondialisation et des entreprises. La crise de 2008 en a été d'une certaine manière un signe avant-coureur. Il faudrait néanmoins des organisations internationales capables de « gérer » cette mondialisation. Or, c'est pour le moment loin d'être le cas et toutes les tentatives et initiatives se heurtent aux intérêts divergents des États, quel que soit le sujet !

Lectures recommandées

Adda J. (2006), La mondialisation de l'économie, genèse et problèmes, Collection Grands Repères, La découverte, avril 2006

Andreff W. (2003), Les firmes multinationales, Edition La découverte

Artus P. (2009), Ce qu'on ne nous dit pas et ce qui nous attend, Librairie académique Perrin

Askenazy P., Cohen D. (2009), 27 questions d'économie contemporaine, Hachette Littératures

Bouchet M. H. (2005), La globalisation de Germay N. (2010), La mondialisation, un autre regard, Editions du nouveau monde, juin 2010

Dunning J. H. (2001), The eclectic (OLI) paradigm of international production: past, present and future, International journal of the economics of business, Vol.8 n°2

Krugman P., Obstfeld (2009), Economie internationale, 6e édition, Seuil

Le management des firmes multinationales, ouvrage collectif, juin 2011

Lemoine M., Madiès P., Madiès T. (2012), Les grandes questions d'économie et de finance internationales, Décoder l'actualité, Ouverture économique, 2e édition, de boeck

Linder (1961), An Essay on Trade and Transformation, Staffan Burenstam Linder, Stockholm: Almqvist & Wicksell

Meier O., Schier G. (2008), Entreprises multinationales, Dunod 2008

Michalet C.-A. (2003), Qu'est-ce que la mondialisation ? La découverte, 2003

Ohlin B. (1933), Interregional and International Trade, Cambridge, Harvard University Press

Ricardo D. (1815), Des principes de l'économie politique et de l'impôt

Schumpeter J. (1951), Capitalisme, Socialisme et Démocratie

Smith A (1776), Recherche sur la nature et les causes de la richesse des Nations,

Stiglitz J. E. (2008), Un autre monde – Contre le fanatisme du marché, Le Livre de Poche

Stolper W., Samuelson P. (1941), Protection and Real Wages, Review of Economic Studies, IX, p. 58-67